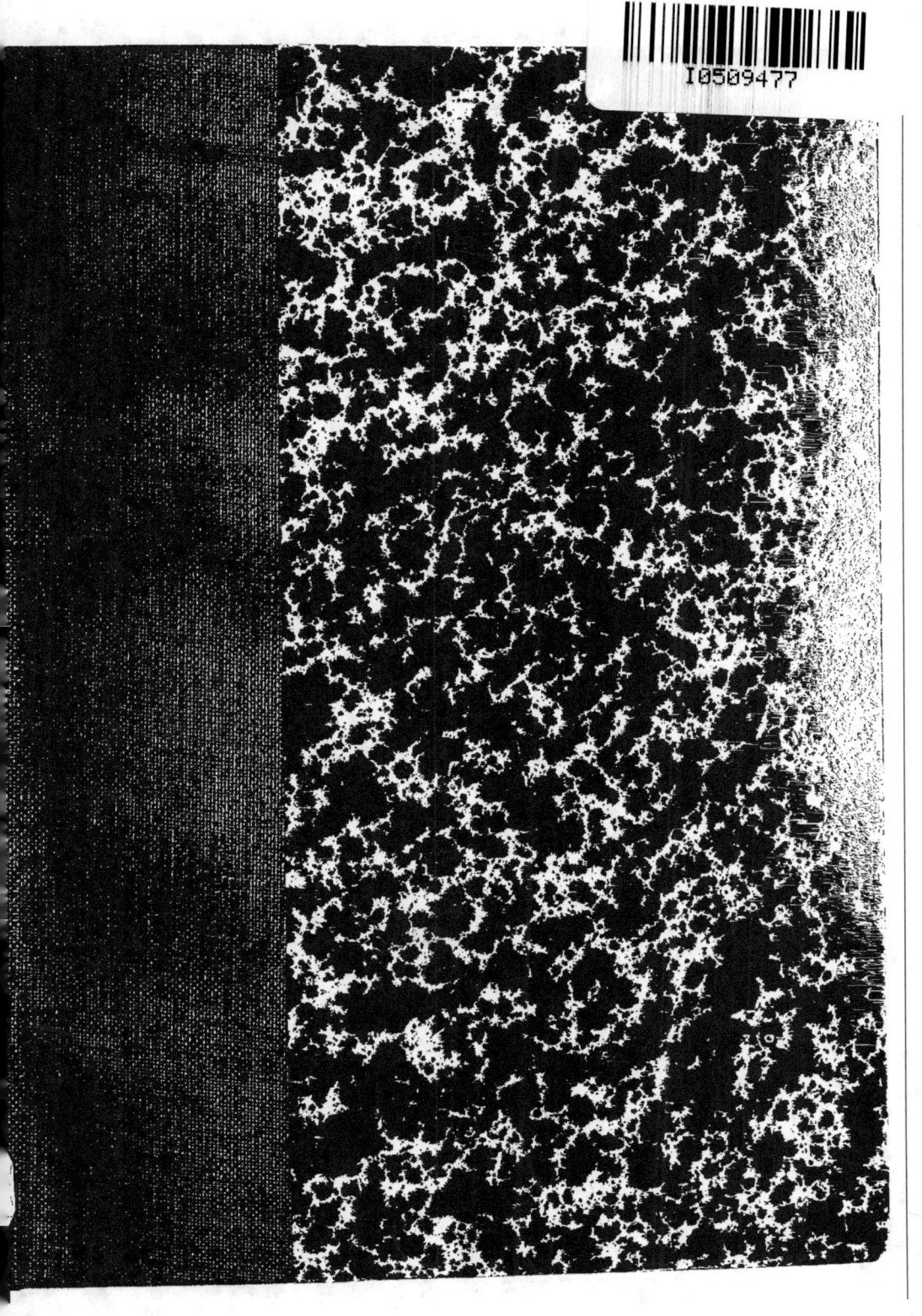

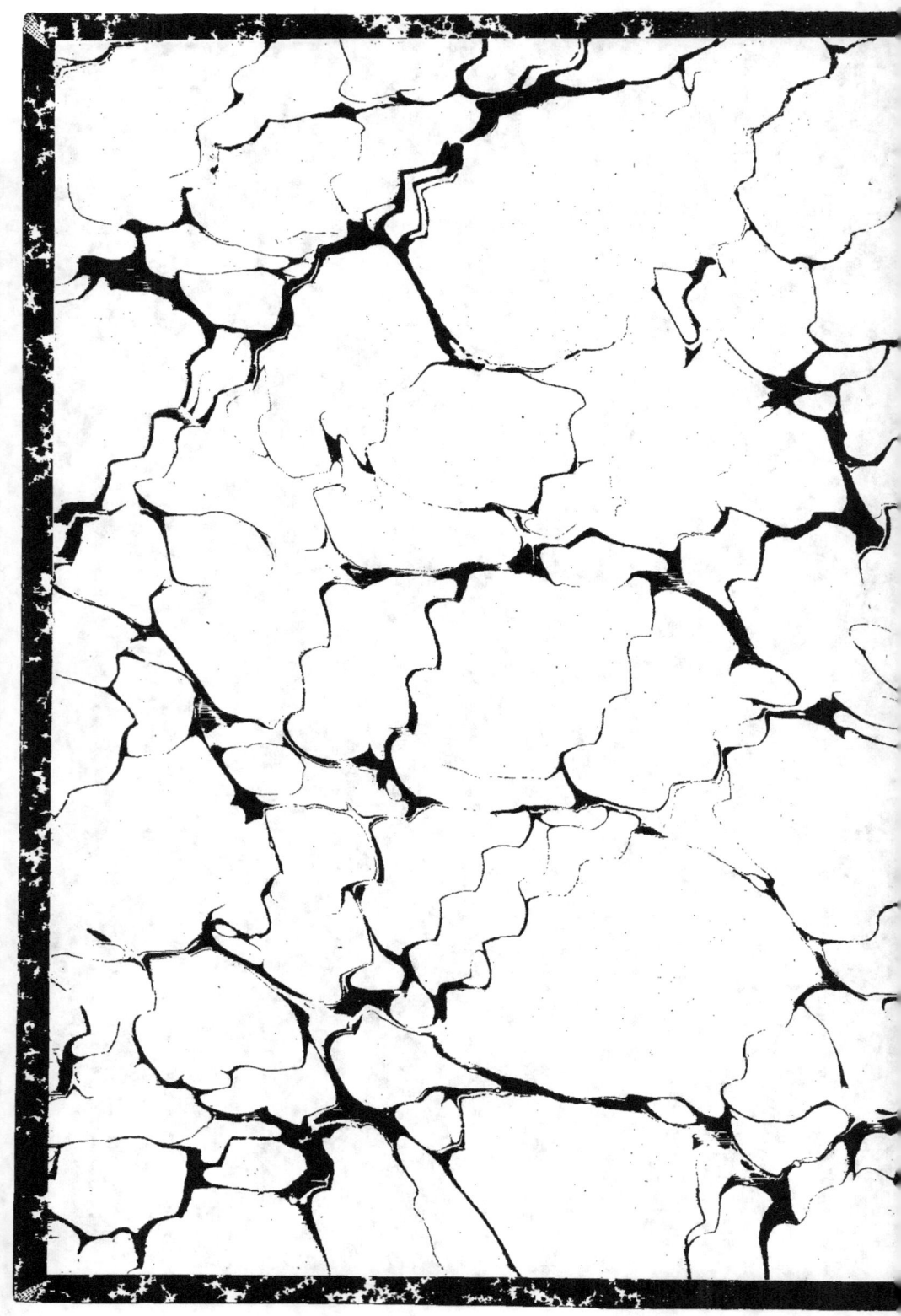

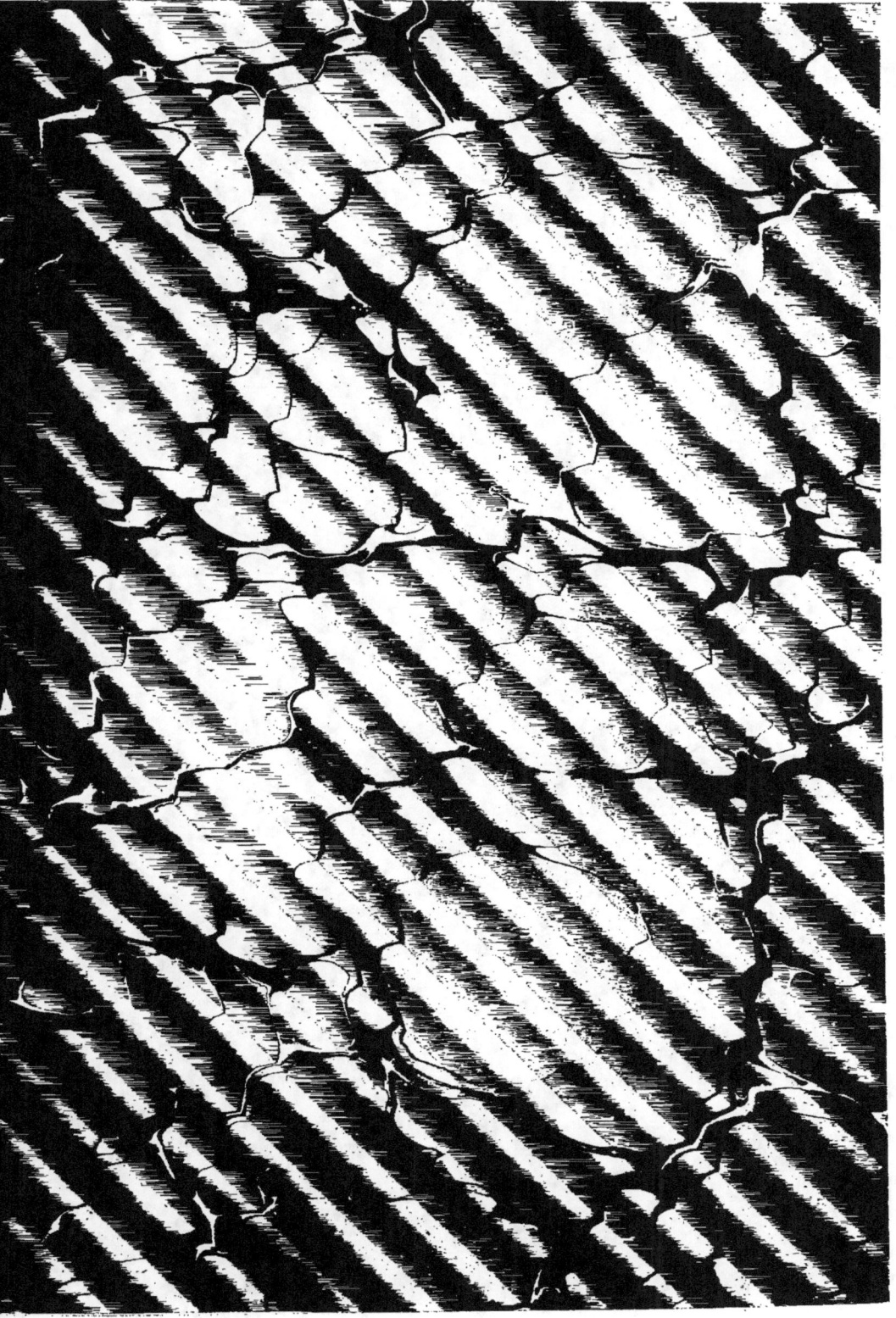

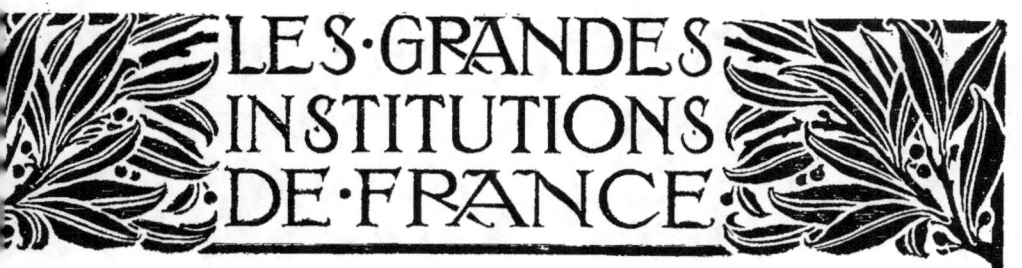

LES·GRANDES INSTITUTIONS DE·FRANCE

CAMILLE ENLART

LE MUSÉE DE SCULPTURE COMPARÉE

Du Trocadéro

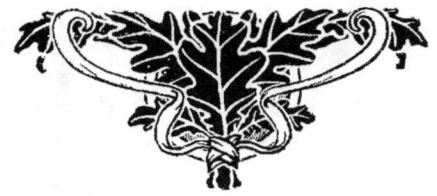

H·LAURENS·EDITEUR

LE MUSÉE
DE
Sculpture Comparée
DU TROCADÉRO

MÊME COLLECTION

Déjà parus :

Les Gobelins et Beauvais, par Jules Guiffrey, de l'Institut.

La Monnaie, par Fernand Mazerolle, archiviste à la Monnaie.

L'Institut, 2 volumes, par Gaston Boislier, Gaston Darboux, Georges Perrot, Georges Picot, Henry Roujon, secrétaires perpétuels, et A. Franklin, administrateur honoraire de la *Bibliothèque Mazarine*.

La Bibliothèque Nationale, 2 volumes, par Henry Marcel, administrateur général, Henri Bouchot, Ernest Babelon, Paul Marchal et Camille Couderc conservateurs et conservateur adjoint.

La Manufacture de porcelaine de Sèvres, 2 volumes, par G. Lechevallier Chevignard, secrétaire archiviste de la Manufacture.

Le Musée du Louvre. *Les Dessins, la Chalcographie*, par Jean Guiffrey, attaché au Musée du Louvre. 1 volume.

L'Université de Paris, 2 volumes par Louis Liard, vice-recteur de l'Académie de Paris.

LES GRANDES INSTITUTIONS DE FRANCE

LE MUSÉE
DE
Sculpture Comparée
DU TROCADÉRO

PAR

CAMILLE ENLART

Directeur du Musée de Sculpture Comparée.

Ouvrage illustré de 115 gravures.

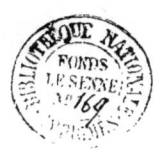

PARIS
LIBRAIRIE RENOUARD — H. LAURENS, ÉDITEUR
6, RUE DE TOURNON, 6

1911

Tous droits de traduction et de reproduction réservés.

Dans la description des collections du musée, les numéros entre parenthèse, sont ceux que portent les objets et qui les désignent dans le dernier catalogue. La diversité des caractères employés répond à la situation des objets dans le Musée :
Le caractère ordinaire désigne l'aile de Paris ;
Le caractère gras l'aile de Passy ;
Le caractère italique la salle dite de l'ornement, près des services administratifs.
Les lettres qui accompagnent les numéros indiquent la série à laquelle appartient l'objet :

A, Gallo-romain, Mérovingien, Carolingien ;
B, Roman ;
C, Gothique primitif ;
D, Gothique secondaire ;
E, Flamboyant ;
F, Renaissance ;
G, Moderne ;
H, Antique ;
I, Étranger.

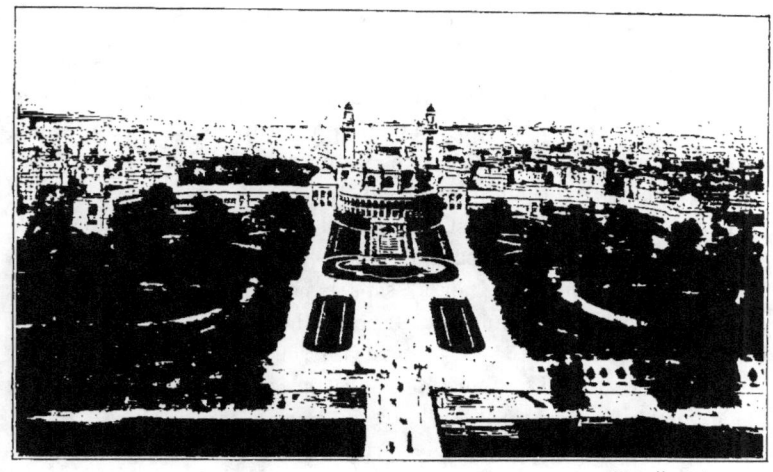

Palais du Trocadéro.   Photo Neurdein.

I
HISTORIQUE DU MUSÉE

Après la tour Eiffel, sa très haute et puissante voisine, et le Sacré-Cœur de Montmartre, le palais du Trocadéro est le monument le plus en vedette de Paris. Comme tant d'autres curiosités parisiennes il est connu surtout des provinciaux et des étrangers, à qui le guide qu'ils tiennent à la main ne laisse rien oublier, et qui n'ont pas toute la vie pour remettre au lendemain la visite.

Les minarets du Trocadéro ne sont donc pas pour eux un simple point de repère, la visite du palais est une étape nécessaire de leurs explorations. Les anciennes expositions leur en ont appris le chemin; ils ont rapporté à la maison des *souvenirs* de ces grandes foires, et ces objets ont rendu familière aux enfants la silhouette de ce palais qui, à force d'avoir vécu dans sa jeunesse avec des rues du Caire et des kasbahs de plâtre, conserve un faux air de mosquée. Quant à l'intérieur du palais, il est peu d'entre nous qui n'aient entendu les échos, heureusement atténués aujourd'hui, de sa *Salle des fêtes*. Beaucoup savent même que le bâtiment contient des collections, et soit pour occuper les entr'actes d'un concert, soit pour se garer d'une pluie d'orage, plus d'un a pénétré dans le musée de sculpture comparée; cependant il est rare qu'ils en connaissent plus de la moitié. Il est difficile, en effet, de deviner que ce musée est réparti dans les deux ailes du Palais, séparé par toute la largeur de la grande salle et de ce musée d'ethnographie qu'on trouve rarement ouvert et qu'on s'étonne de ne pas voir réuni aux collections similaires du *Muséum*. Les jours de concerts, force est de traverser la place pour aller d'une aile à l'autre du musée de sculpture.

Sur le musée de sculpture, les provinciaux sont encore les mieux renseignés : ils savent où y trouver le moulage de quelques œuvres célèbres dont leur localité est justement fière.

Mais de quelque part et pour quelque motif qu'il vienne, fût-ce même pour un rendez-vous sentimental, ce qui n'est pas sans exemple, le visiteur se sent attiré, et il est rare qu'il n'aille pas jusqu'au bout des galeries. S'il les a parcourues une fois, il reste sous le charme, et généralement il y revient. Que l'on se garde de voir dans ces lignes l'exagération d'un directeur de musée amoureux de ses collections. La séduction qu'exerce le musée est certaine et s'explique. N'est-il pas une sélection de ce qui s'est fait de plus beau en sculpture pendant un millier d'années en France, avec un choix de chefs-d'œuvre d'autres temps et d'autres pays pour servir de points de comparaison ?

Nulle part l'histoire de l'art, qui passionne à bon droit tant d'entre nous, n'est plus clairement et agréablement enseignée que dans ces rapprochements méthodiques de moulages.

Si l'on veut bien ne pas se placer au point de vue des cambrioleurs, justement dédaigneux du plâtre, un tel musée a sur les collections d'originaux quelques avantages certains.

Il n'acceuille, en effet, que des œuvres de choix, les pièces de premier ordre ne coûtant pas plus que d'autres en reproduction ; il lui est également facile d'avoir des séries complètes, et il a le privilège de rapprocher pour l'étude des morceaux dont il est impossible de mettre les originaux côte à côte. Enfin certains originaux sont difficiles à voir, tandis que les moulages sont à portée de l'œil, bien éclairés et de teinte uniforme.

L'aspect des moulages diffère parfois des originaux qui ont reçu la patine du temps. Celle-ci donne à l'ensemble des monuments une inimitable beauté, mais ne fait valoir certains détails qu'en défigurant beaucoup d'autres, qu'altèrent des coulées de suie ou des

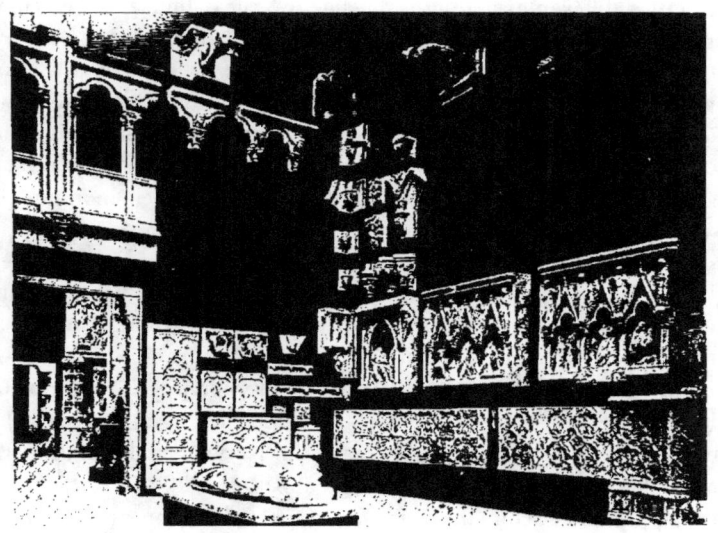

Aile de Passy. Salle des XIIIe et XIVe siècles.

taches de mousse. Au contraire, la tonalité claire et uniforme du plâtre rend lisible le modelé et restitue à l'œuvre l'aspect qu'elle avait au sortir des mains de l'artiste. On peut donc dire que le moulage a parfois quelque chose de plus exact que l'original.

Le Musée de sculpture comparée est le musée historique de la sculpture française, et répond comme tel à un besoin du public, mais la conception sur laquelle il repose n'a guère plus d'un siècle d'existence. Si l'art a toujours été en France une nécessité, la critique historique était avant le XIXe siècle l'apanage d'un très petit nombre d'esprits; l'histoire enregistrait les faits; condensait en phrases lapidaires mais apocryphes les sentiments de ses héros, et ne prêtait aucune attention ni aux mœurs, ni aux arts. La Révolution, tout en ouvrant plus largement au public les collections d'art, ne comprit pas les choses différemment au début : en 1792, le ministre Roland prescrivait que l'on se gardât bien de classer par écoles les tableaux du Louvre : « C'est une étrange idée » disait-il « de croire qu'il importe aux artistes d'être à même de comparer facilement les différents âges et les différentes manières de chacun... de s'amuser à des comparaisons stériles qui ne tendraient qu'à une vaine critique ».

C'est pourtant cette année-là même, comme l'a montré M. Stein, que le peintre Doyen rassemblait aux Petits-Augustins des objets d'art anciens soustraits au vandalisme révolutionnaire et résolument choisis en vue de l'enseignement historique. Entre les mains de son disciple Lenoir, cette collection devint le Musée des monuments français, et donna chez nous au public la notion et le goût des arts du passé.

Lorsqu'en 1816 on le détruisit pour opérer des restitutions et surtout pour reconstituer la nécropole royale de Saint-Denis, on voulut faire encore de Saint-Denis une galerie d'iconographie historique, et quand cette erreur prit fin, il fallut, pour répondre à la curiosité publique, mettre l'histoire en tableaux et en moulages dans le château historique de Versailles, et recueillir les épaves des mobiliers anciens dans le palais de Julien et des abbés de Cluny.

En apprenant à connaître les monuments d'art, on se mit à les respecter davantage : déjà en 1832, au musée de Versailles, on ne transporta plus les tombeaux eux-mêmes, mais leurs moulages. On avait dès lors compris l'intérêt de ces reproductions fidèles, et en 1834 ce fut pour l'enseignement artistique que M. Thiers créa dans l'École des Beaux-Arts un musée entièrement formé de moulages. Malheureusement, l'art français n'y occupe qu'une place infime à côté de l'art italien et de l'antiquité. C'est la conséquence des étranges préventions qui ont régné à l'Académie des Beaux-Arts depuis sa fondation par Louis XIV jusqu'à ces dernières années. C'est dans un esprit plus large que les Anglais créèrent en 1857 le musée de moulages de Sydenham, dont l'arrangement est plus pittoresque que critique ; et il s'en fallut de peu qu'un musée de moulages d'un caractère très général fût créé alors chez nous. En 1848, en effet, les ouvriers mouleurs de Paris avaient adressé au Gouvernement une pétition pour la création d'un atelier national qui aurait permis de former dans la capitale un musée de reproductions et d'enrichir en même temps les musées de province.

Cette idée devait se réaliser environ trente ans plus tard, mais au

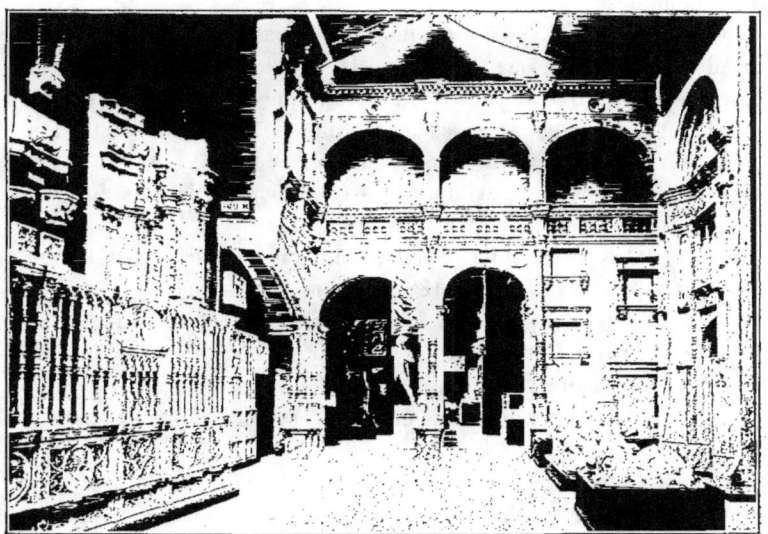

Hôtel Bernuy à Toulouse. Portique de la cour.

profit de notre art national, et grâce aux efforts d'un homme qui n'avait cessé pendant ce temps de lutter pour lui faire rendre justice.

Passionnément épris des beautés artistiques du Moyen Age, Viollet-le-Duc avait compris que la plus indiscutable démonstration du mérite des maîtres gothiques serait un musée de sculpture comparée.

En effet, la sculpture du Moyen Age est si intimement liée à l'architecture que, tout en étant son complément nécessaire, elle s'y perd un peu, mais il ne suffisait pas de l'isoler, il fallait, comme on le fit à la création du musée, la confronter avec des modèles antiques pour démontrer qu'elle pouvait soutenir victorieusement ce parallèle.

La comparaison rendit en outre sensible ce fait curieux que les deux arts, par le seul instinct d'hommes qui ne se sont pas connus, ont abouti, par une série d'étapes analogues, à des résultats à peu près semblables.

Lorsqu'en 1879, l'Exposition universelle laissa vacant le palais du Trocadéro, Jules Ferry, ministre de l'Instruction publique, et Antonin Proust, directeur des Beaux-Arts, approuvèrent les rapports que Viollet-le-Duc leur adressa le 11 juin et le 12 juillet, et où il traçait le programme du musée à créer dans ses galeries ; le 4 novembre, un arrêté attribuait à la Commission des monuments historiques l'aile orientale du palais, qui s'étend vers Paris.

L'exécution de la première série de moulages et leur installation prirent deux ans, et le 20 mai 1882, le Musée de sculpture comparée fut inauguré. On pouvait y voir les tympans de Moissac et de Notre-Dame-du-Port de Clermont, les portails de Vézelay et d'Avallon, les plus beaux morceaux de statuaire des cathédrales de Laon, de Paris, de Chartres, d'Amiens, de Reims et d'Auxerre ; le tympan du château de la Ferté-Milon, le jubé de Limoges.

En 1886, s'ouvrait la salle du XVIIe et du XVIIIe siècle, avec les ornements du parc de Versailles et la porte de Puget à l'arsenal de Toulon.

Viollet-le-Duc n'eut pas la joie de voir son œuvre accomplie ; comme Moïse, en vue de la Terre promise, la mort l'avait frappé subitement, mais son attente s'est pleinement réalisée ; elle semble même dépassée.

La mise en valeur de la statuaire gothique fut une révélation pour le public ; une stupeur et une joie pour les artistes que l'éducation classique de l'Ecole avait jalousement écartés de ces œuvres. Ils furent un peu comme ces princesses de contes de fées à qui, pendant vingt ans, on a interdit la vue d'un jeune homme, lorsque tout à coup apparaît le Prince Charmant.

Les préjugés surannés s'écroulèrent, les clichés stéréotypés sur la barbarie de l'art du Moyen Age furent désormais sans emploi, et la juxtaposition des modèles de statuaire grecque et française se trouva si éloquente qu'il fut désormais inutile de la poursuivre. Les crédits du musée ne furent plus affectés qu'à l'acquisition d'œuvres françaises et de pièces de comparaison étrangères du vi⁰ au xviii⁰ siècle, mais le titre de *Musée de sculpture comparée* fut gardé, car il ne cesse pas d'être exact.

En effet, la grande utilité de ce musée n'est-elle pas de grouper et de permettre de comparer des œuvres dont il n'est pas possible de rapprocher les originaux ? Ces rapprochements permettent de caractériser l'évolution et les signes particuliers de chaque école et de chaque période, de démontrer l'influence d'une œuvre ou d'une école sur une autre, et d'établir des présomptions sur la date et l'origine de sculptures dont l'histoire est inconnue, en les rapprochant d'autres œuvres dont on connaît l'auteur, ou au moins la date.

En 1887, le musée remplissait toute une aile du palais, et un arrêté ministériel du 19 novembre lui concéda l'autre. Une seconde série de grands moulages fut aussitôt entreprise : porche de Moissac ; portails de Charlieu et de Saint-Gilles, arche et fontaine du Gros Horloge de Rouen ; détails de l'hôtel d'Ecoville à Caen et de l'Arc de triomphe.

Des moulages de cette importance ne pourront entrer indéfiniment au musée, mais on a continué jusqu'ici d'en exécuter de temps en temps : en 1899, la chapelle funéraire d'Avioth et le Saint-Sépulcre de Saint-Mihiel ; en 1901, détails de clôture du chœur de la cathédrale de Chartres ; en 1903, escalier de Saint-Maclou de Rouen, en 1904, soubassements des portails d'Auxerre ; en 1907, arcade du porche de la cathédrale de Bourges.

Comme tous les musées, celui-ci a reçu des dons intéressants, parmi lesquels il faut signaler le *Roi de Bourges*, de M. Pierpont-Morgan. Si cette pièce unique de l'orfèvrerie française du xiii⁰ siècle est désormais hors de notre pays, du moins les travailleurs pourront-ils l'étudier sur le moulage que l'heureux propriétaire a eu la générosité d'offrir au Musée. M. Georges Hœnschell a droit aussi à la reconnaissance des historiens de l'art pour le don du moulage des parcloses de stalles du xiv⁰ siècle, propriété du même M. Morgan, données par lui au Musée Métropolitain de New-York. Un artiste qui a consacré sa vie à la restauration des monuments historiques, M. Désiré Bloche, sculpteur, a donné au musée plus de cent moulages d'ornements de la Renaissance; M. Fenaille en a donné d'autres, choisis dans le château de Montal; le musée de Versailles, l'École des Beaux-Arts, l'Union des arts décoratifs se sont dessaisis en sa faveur d'un grand nombre de pièces intéressantes, et beaucoup des meilleurs détails qu'ils renferment ont appartenu à la collection privée que lui a léguée le premier conservateur, le statuaire Geoffroy-Dechaume, le collaborateur de Viollet-le-Duc.

Des échanges avec le musée du Cinquantenaire de Bruxelles ont enrichi les galeries de toute une série de documents étrangers.

En 1903, les deux grandes galeries du Trocadéro étaient presque entièrement remplies, et un accord intervenu avec la Ville de Paris a mis le Musée en possession des galeries extérieures, vitrées depuis la dernière exposition.

Ce nouveau dégagement a permis un meilleur classement des collections.

Dans l'aile extérieure du côté de Passy, on a placé d'abord toute la statuaire antique; le premier art chrétien; la sculpture mérovingienne et carolingienne, bref, tout ce que le musée possède d'antérieur à l'époque romane, puis les modèles d'architecture (fig. p. 11) disposés en ordre chronologique, et en regard une belle série de relevés de peintures murales déposée par la Commission des monuments historiques.

Dans l'aile extérieure du côté de Paris, sont classées par époques et par pays toutes les sculptures de l'étranger, dans un ordre parallèle aux modèles d'art français auxquels sont réservées les galeries principales.

L'art de la Belgique et des Pays-Bas, qu'il n'est pas possible de distinguer au Moyen Age de l'art français, se loge également dans la grande galerie. Dans les travées étroites de celle-ci, correspondant aux pavillons, on trouvera aussi des œuvres étrangères : sculptures de la cathédrale de Bâle du xive siècle et modèles de Renaissance italienne mis en regard d'exemples de la Renaissance française.

Il serait souhaitable de développer la série des sculptures exécutées à l'étranger par des artistes français, depuis les monuments des

Croisés en Palestine, en Syrie et en Chypre jusqu'aux bustes de nos sculpteurs du xviii° siècle.

Quoique de grandes améliorations aient été faites depuis quelques années dans le classement, celui-ci ne sera jamais rigoureux : en effet, non seulement les agrandissements successifs ont obligé de répéter dans les galeries principales des deux ailes la même suite chronologique, depuis le xii° jusqu'au xviii° siècle, mais les grands

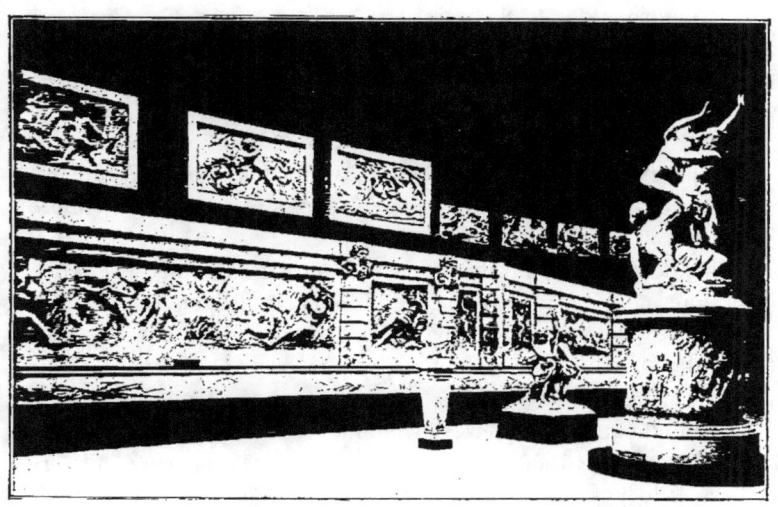

Aile de Paris. Salle du xvii° et du xviii° siècle.

portails romans de Saint-Gilles, de Charlieu, de Saintes n'ont trouvé place qu'en dehors des salles consacrées à l'époque romane.

Ce petit livre devant être en même temps une description du Musée et un tableau de la sculpture française, force nous sera de passer d'une aile à l'autre à chaque période, et de décrire les portails erratiques parmi les œuvres du même temps exposées plus ou moins loin d'eux.

Une précieuse collection de vitraux anciens a été rendue à la Commission des Monuments Historiques par l'Union des arts décoratifs, et vient d'être exposée au Musée (1911) dans la galerie extérieure de l'aile de Paris.

Divers services auxiliaires se groupent autour du musée. Tout d'abord, il comprend un atelier de moulage, une salle de vente et un vaste dépôt de moules et d'épreuves de réserve. Ces locaux occupent les sous-sols de l'aile de Paris.

Le mouleur du Musée afferme à l'État l'exploitation des moules qu'abrite le dépôt ; sous la surveillance du directeur, il en tire des épreuves qu'il livre au commerce, et sur chaque épreuve l'État perçoit un droit.

Les moules qui ont produit un certain nombre d'épreuves sont brisés, et il en est refait de nouveaux d'après les *épreuves de réserve* ; la première épreuve tirée du moule est, en effet, réservée pour fournir les empreintes qui constitueront d'autres moules.

Ces épreuves ont servi à des échanges avec les musées étrangers, et, en se répandant dans le commerce, elles ont popularisé nombre de belles œuvres.

Le mouleur actuel du Musée, M. Edouard Pouzadoux, est le fils du premier concessionnaire : la grande majorité des œuvres exposées au Musée et toutes les principales ont été exécutées par les soins de ces deux maîtres ouvriers d'art, et dispenseront d'insister ici sur leur conscience et leur habileté.

La bibliothèque est ouverte au public depuis 1888. Elle renferme 1 500 ouvrages et 45 000 photographies ; le tout se rapporte à l'histoire de l'art. Elle possède aussi la collection des dessins originaux de Viollet-le-Duc, donnés en partie par ses héritiers.

De son côté, depuis 1874, la Commission des monuments historiques a déposé au Musée une importante série de dessins et aquarelles de monuments d'architecture et de peinture, qui y sont en partie exposés.

La même année, le Trocadéro recevait le dépôt des clichés photographiques de la Commission, que sont venus rejoindre en 1907 ceux de l'ancienne Direction des Cultes.

Ces clichés, comme les moules dont le musée a la garde, sont exploités par un concessionnaire qui les y prend et les y remet chaque fois qu'il doit en tirer des épreuves. Cette exploitation appartient à la maison Neurdein frères.

C'est en 1888 que, sous les auspices de la Commission des

monuments historiques, un cours d'histoire de l'architecture française du Moyen Age et de la Renaissance s'est ouvert dans la salle de conférences du musée; il a été confié au disciple éminent de Viollet-le-Duc, M. A. de Baudot, qui a pris à tâche d'y démontrer combien d'enseignements pratiques au point de vue des programmes

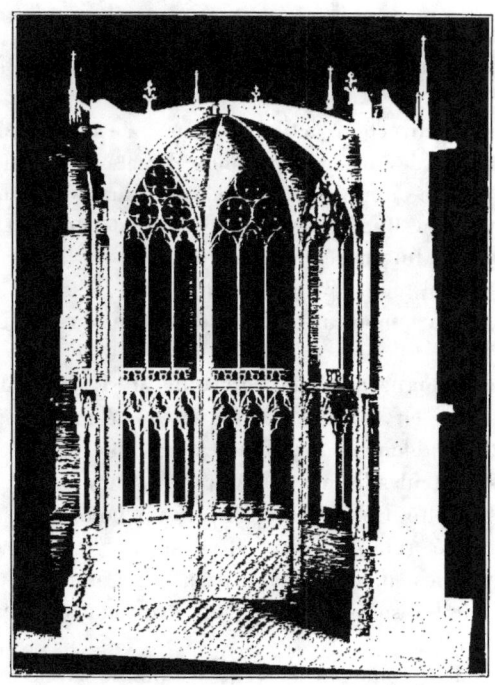

Photo Neurdein.
Modèle d'architecture. Église Saint-Urbain. Troyes.

actuels peut tirer des œuvres de nos pères l'architecture de notre temps.

Le Musée de sculpture comparée est le seul qui relève de la Commission des monuments historiques, depuis qu'en 1907 le musée de Cluny a été rattaché aux Musées Nationaux. Il fut administré jusqu'en 1896 par un conservateur, élevé depuis lors au rang de directeur.

Le premier fut Geoffroy-Dechaume, le statuaire qui, avec Viollet-le-Duc, restaura Notre-Dame de Paris, la cathédrale de Laon, la Sainte-Chapelle et autres monuments importants, et qui sut parfois merveilleusement s'assimiler la manière de nos imagiers du xiie au xive siècle. A la mort du savant artiste, sa succession échut à M. Delair.

Mais celui-ci était atteint d'un mal qui ne pardonne pas ; il mourut au bout de peu de mois sans avoir pu se consacrer comme il l'eût voulu à sa tâche.

Son successeur, directeur actuel du musée de Cluny, M. Edmond Haraucourt, d'abord conservateur puis directeur, a su, quoique grand poète, être un administrateur éclairé ; il a fait beaucoup pour le développement du Musée. En 1903, l'auteur de ce petit livre a eu la bonne fortune de lui succéder.

M. Jules Roussel, conservateur adjoint, n'a cessé de consacrer au musée depuis sa fondation le dévouement le plus actif et le plus utile.

Un premier catalogue général, œuvre de M. P.-F. Marcou, a eu plusieurs éditions ; en 1890 et 1900 il en a été fait des rééditions revues et considérablement augmentées par les soins de M. Jules Roussel, conservateur adjoint. M. Marcou a publié, en collaboration avec le regretté Courajod en 1900, un volume de catalogue raisonné et illustré, relatif aux xive et xve siècles ; malheureusement, les autres fascicules n'ont jamais paru. Un nouveau catalogue illustré établi par les soins du directeur et du conservateur, a paru en 1910.

Le catalogue des moulages en vente est publié par le mouleur, et M. J. Roussel a pris la peine d'établir un catalogue méthodique et analytique de la Collection de photographies des monuments historiques.

II
LA SCULPTURE AVANT L'ÉPOQUE ROMANE

ANTIQUITÉ. PÉRIODES MÉROVINGIENNE ET CAROLINGIENNE

Les collections du musée comprennent quelques pièces antérieures aux premiers éléments de l'art français, pour montrer les plus lointaines origines de la sculpture et son évolution jusqu'à la période gallo-romaine.

Les temps préhistoriques sont représentés par la pierre sculptée de Saint-Sernin (Aveyron), bloc qui a l'intention d'être une statue, et réalise ce que l'on peut concevoir de plus barbare en sculpture. Combien de siècles d'étude a-t-il fallu entre des œuvres de ce genre et la sculpture déjà correcte et raffinée des Assyriens? L'Assyrie est représentée par l'illustration en très bas relief du siège d'une ville, curieux et très expressif tableau conservé au Musée Britannique (H. 16).

Viennent ensuite quelques spécimens de l'art égyptien :

Période memphite, statue de bois de Ramké, surintendant des travaux de la nécropole de Sakkarah (H. 1). Buste de femme trouvé dans sa tombe (H. 2).

IVᵉ dynastie. Statue en diorite de Chéphren (H. 3) trouvée dans le puits du temple du Sphinx.

XXVᵉ dynastie. Tahraka, buste en granit du troisième roi de la dynastie éthiopienne (H. 8).

XXXᵉ dynastie. Groupe de la vache Hathor et du prêtre Psamétik; statues d'Osiris et d'Isis provenant de la nécropole de Sakkarah (H. 10).

L'art grec et l'art romain, représentés à l'École des Beaux-Arts par des séries très complètes, n'avaient à figurer ici qu'à titre d'indication. L'art archaïque du VIᵉ siècle avant J.-C. est représenté par un bas-relief (scène de banquet) de l'architrave du temple d'Assos en Mysie (H. 19) et par un choix de sculptures du temple d'Athéna à

Égine (H. 20 à 22) : la déesse qui forme le motif central du fronton de l'ouest ; un guerrier blessé ; un fronton oriental ; un Héraklès. On sait que les originaux sont conservés à la glyptothèque de Munich.

Le ve siècle, qui est l'apogée de l'art grec, figure modestement avec une cariatide de l'Erechteion (H. 23, Musée Britannique) et trois danseuses de bronze d'Herculanum (H. 24 à 26, Musée de Naples).

Pour le ive siècle, on trouve la statue de Mausole d'Halicarnasse, conservée au Musée Britannique après avoir été le morceau principal du célèbre tombeau classé parmi les merveilles du monde (H. 28), le groupe d'Hermès et Dionysos par Praxitéle, du temple d'Héra à Olympie (H. 29, Musée d'Olympie).

Pour la période romaine, les bustes d'Antonin et Faustine (H. 37, 38) du musée de Naples : une tête d'enfant, une baigneuse ; un délicieux pied de candélabre du musée d'Aix qui présente trois faces ; les deux seules conservées ornées d'un bacchant et d'une bacchante.

Au point de vue de l'étude de l'art français, auquel est consacré le Musée, il est intéressant de comparer les œuvres extrêmement voulues, fermes de dessin, volontairement simplifiées, volontairement déformées, quelquefois, de la période grecque archaïque avec celles de notre xiie siècle ; l'art très exact et très idéaliste à la fois des ve et ive siècles, art éminemment noble et synthétique quoique très vivant, mais restant dans les types généraux, avec notre art du xiiie siècle ; notre art du xive avec les joliesses de la période alexandrine, enfin à notre art réaliste du xve siècle celui de la période romaine qui, comme lui, vise au portrait et y excelle, mais a perdu le don d'exprimer les idées sublimes ou même générales.

L'art gallo-romain n'est, hélas, qu'une seconde qualité de cet art romain qui reproduit sans inspiration les modèles grecs. Mais s'il exagère ses défauts sans avoir sa correction, il témoigne tout de même d'un peu plus d'imagination. Tel qu'il est, son intérêt historique est extrême, et il est le plus important des facteurs qui ont concouru à la formation de l'art français du moyen âge.

Le Musée possède une petite série de ces sculptures gallo-romaines, de dessin mou, médiocrement correct, facile et parfois gracieux. Citons parmi les plus intéressantes :

L'autel (A. 15) élevé à Jupiter sous le règne de Tibère par les mariniers de Paris. C'est un curieux témoignage de l'antique puissance de cette corporation qui dominait encore au Moyen Age sous le titre de *Marchands de l'eau*, et à qui Paris doit la nef de son blason. Cet autel présente sur ses quatre faces les effigies en bas-relief de Jupiter, de Vulcain, et de deux divinités autochtones, Esus, cueillant le gui, et le « tarvos tricaranus » taureau surmonté de trois grues.

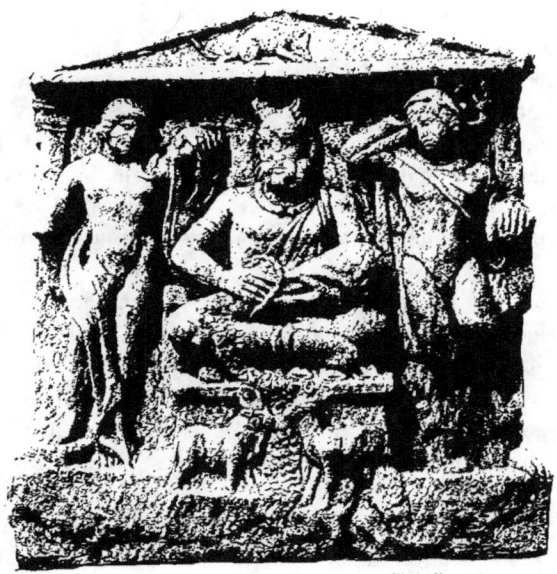

Fig. 1. — Autel de Reims. Cerunnos entre Apollon et Mercure.

A Reims, sur un autel trouvé en 1837 (A. 17) nous voyons entre Apollon et Mercure un autre dieu gaulois. Cerunnos, au front cornu, accroupi et demi-nu comme un Bouddha, le cou orné du *torques* gaulois, il verse la nourriture à des animaux et semble personnifier l'abondance (fig. 1).

A Strasbourg, nous trouvons (A. 34) la déesse Sirona ; à Beaune, à Autun, à Chantenay (Nièvre), Epona, (A. 1, 2, 7, 10) divinité protectrice des chevaux ; à Beaune (A. 3) le dieu aux trois visages.

L'autel trouvé à Paris dans les fouilles de Saint-Landry montre Diane entre deux guerriers (A. 16).

Les stèles de Sens présentent un autre genre d'intérêt. Ces monuments funéraires (A. 18 à 33) nous montrent les effigies des défunts dans le costume et dans les occupations de leur vie : un homme tient un livre en forme de cahier (codex quadratus) du type qui devait supplanter le rouleau (volumen) et se perpétuer jusqu'à nous ; un druide tient la faucille ; les riches sont accompagnés de leurs esclaves, le foulon est à son travail, ainsi que l'orfèvre, qui tient en main un marteau et qu'accompagnent deux animaux familiers qu'il est arrivé à faire vivre en paix : un chien et un lapin.

Le cerf et le sanglier de bronze de Neuvy en Sullias (A. 13 et 14) donnent une idée de l'art un peu gauche des animaliers et de celui des bronziers assez habiles de l'époque gallo-romaine. On a recueilli aussi des motifs d'architecture : frises d'acanthes de Sens; chapiteaux corinthiens quelque peu composites de Sens et de Chartres (A. 11).

Cette période, qui nous a laissé tant de monuments, est représentée ici quelque peu sommairement, mais il était inutile que le musée fît double emploi avec celui de Saint-Germain, et ces échantillons suffisent surtout depuis que le commandant Espérandieu a entrepris, sous les auspices du ministre de l'Instruction publique, la publication photographique de toutes les sculptures de la Gaule romaine.

L'avènement du christianisme n'a pas modifié l'art : il n'a fait qu'activer sa dissolution, en bouleversant des idées depuis longtemps reçues et dont il s'était accoutumé à vivre. Importé lui-même d'Orient, il a développé l'influence orientale qui déjà s'introduisait, mais le judaïsme dont il sortait et se dégageait lentement proscrivait les images et ne pouvait lui fournir aucune tradition plastique. D'autre part, la religion nouvelle, adversaire du paganisme, le fut forcément aussi des arts qui s'étaient tant employés à le glorifier. Le même fait s'est produit quand, en prenant position contre le catholicisme, la Réforme, puis la Révolution ont dévasté les monuments de l'art chrétien.

Grands briseurs de faux dieux, les premiers chrétiens ne surent pourtant donner une expression d'art à leur foi qu'en plagiant des formules païennes : leurs anges, d'abord sans ailes, ont depuis revêtu la forme des génies ou de victoires antiques ; le Bon Pasteur n'est que le Criophore : le Christ prend parfois les traits d'Orphée ; le Soleil, la Lune, la Terre, la Mer continuent d'être personnifiés sous des formes de divinités, et nous verrons un jour saint Michel prendre la succession de Mercure dans la charge délicate de conducteur et pescur d'âmes.

Le plus ancien morceau de sculpture chrétienne primitive en Gaule est aussi le plus beau, fait bien logique puisque la révolution religieuse ne fit que précipiter la décadence de l'art. Cette sculpture, encore toute païenne de forme (fig. 2), est un sarcophage du IIe siècle

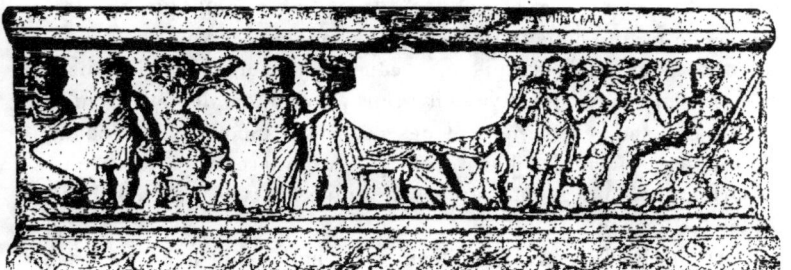

Fig. 2. — Sarcophage de la Gayolle.

trouvé à La Gayolle près Brignolles (A. 6). Son inscription date seulement du VIe siècle, où il fut remployé. L'original a malheureusement été brisé en morceaux en 1909, par un déplorable accident dû à une négligence coupable.

A l'une des extrémités, près d'un buste d'Apollon qui devait avoir Phœbé pour pendant, un berger pêche à la ligne : il symbolise le Christ, en réunissant deux métaphores évangéliques ; vient ensuite une femme, la défunte sans doute, priant debout, les bras ouverts dans le geste de l'*Orante*. Les arbres qui l'encadrent doivent indiquer les jardins du Paradis ; à ses pieds est un autre mouton, et sur sa main droite une colombe.

Au centre de la composition, un personnage assis enseignait un enfant debout devant lui ; à la suite de ces figures mutilées vient le Criophore ou Bon Pasteur, l'agneau sur ses épaules, la brebis à ses pieds, et près d'un dernier arbre où perche un oiseau, un homme assis, demi-nu, tient un sceptre : c'est la divinité qui symbolise le lieu de la scène, autre thème familier à l'iconographie antique.

La symbolique chrétienne, si peu originale dans ses figures de la Divinité est, en revanche, une autre Circé pour le fidèle, tour à tour poisson, colombe et brebis dans un même tableau.

Mais quelque froides et empruntées que soient ces allégories, elles gardent encore ici un sentiment de la vie et une grâce qui sont les restes de l'éducation antique. Ce charme s'évanouira bientôt et totalement pour plus de sept siècles ; et l'on ne compte guère moins d'un millier d'années entre le moment où s'éclipsa le dernier rayon de la beauté grecque et celui où la statuaire gothique sut faire revivre la beauté dans la forme, le charme dans l'expression.

Au ve siècle, le christianisme a beaucoup détruit et n'a rien encore créé ; les invasions qui ravagent l'Europe occidentale détruisent les monuments et l'enseignement des arts, et n'apportent en échange que quelques formules décoratives. L'art barbare, qui a ses racines en Orient, est tout géométrique et pratique la stylisation absolue de toutes les formes.

L'art des Barbares consistait en constructions de bois, parées de quelques sculptures et peintures d'ornement dont il n'est rien resté, et en travaux très habiles de métal, or, argent et bronze, gravé, incrusté, émaillé parfois, souvent rehaussé de verroteries ou de pierreries rouges et vertes, en tablettes juxtaposées dans un cloisonnage d'or. Ces cloisons et les riches gravures des pièces de bronze décrivent des figures géométriques habilement tracées et du meilleur goût ; on y remarque beaucoup d'entrelacs, filets décrivant des entrecroisements compliqués.

Le sarcophage (**A. 50**) et les frises (**A. 54**) de Moissac, du vi^e siècle, sont parmi les meilleures œuvres de ce temps ; elles témoignent d'un reste de tradition antique, mais se caractérisent par leur relief faible et méplat, par la stylisation de leurs pampres, et rappellent beaucoup les œuvres byzantines.

Au vi^e siècle, la civilisation romaine a presque péri en Gaule et à Rome même, mais il s'est créé quelques centres d'art où les traditions gréco-romaines se sont profondément modifiées sous l'influence de l'art barbare et des modèles venus d'Orient. Dans le nord de l'Espagne et de l'Italie, les royaumes des Visigoths et des Lombards furent des centres de civilisation relative ; à Milan, où s'était transporté le siège de l'Empire, à Ravenne, qui fut au vi^e siècle la métropole des possessions byzantines en Occident, on trouve une architecture et une sculpture très supérieures à ce que produisaient les autres provinces de l'Empire, mais le centre intellectuel et artis-

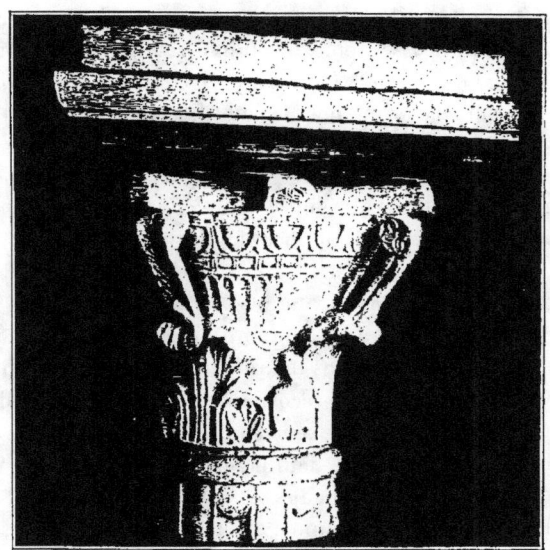

Photo Neurdein.
Fig. 3. — Chapiteau de la crypte de Jouarre.

tique du monde chrétien est alors Byzance. Là, par le mélange fécond des traditions de Rome et de celles de l'Asie, s'élabore un art dont l'apogée se place du vi^e au xie siècle, précisément au moment de la plus grande anarchie et de la plus grande faiblesse de l'Occident.

C'est de Constantinople, de l'Asie Mineure ou des possessions byzantines d'Italie que vinrent alors en Gaule des modèles dont nos artistes s'inspirèrent jusque vers la fin du xiie siècle; il semble même qu'au viie on ait importé chez nous des marbres de Proconèse travaillés en Orient. C'est de ce marbre que sont faits les chapiteaux (fig. 3) de la crypte de Jouarre (A. 42 à 46) identiques de matière et de dessin à ceux de quelques basiliques contemporaines d'Algérie ; ils durent être apportés par mer et par la Seine et la Marne au temps de l'abbesse Tetchilde, fondatrice, morte en 660.

Le tombeau de Tetchilde (A. 47), se voit encore dans la crypte de Jouarre. Il semble un peu postérieur à cette date et retouché à l'époque romane, ou plutôt recopié au xie ou xiie siècle sur le monument primitif. L'orthographe de l'inscription métrique est mérovingienne ; les caractères rappellent en partie ceux de l'époque romane, les bandes de coquilles sculptées en faible relief entre les lignes et qui constituent l'unique et monotone décoration du monument rappellent la manière romane ; le motif, pourtant, est d'origine antique.

D'autres tombeaux de la même crypte (A. 48) n'ont pour ornement qu'un guillochage de dessins géométriques en méplat et rappellent les sculptures carolingiennes de Bradford-sur-Avon (Angleterre).

Les chapiteaux de la chapelle Saint-Laurent de Grenoble (A. 39-41), paraissent bien une œuvre authentique du viie siècle, car leurs ornements (fig. 4) rappellent les monuments datés de ce temps : des colombes, plus analogues à des corneilles avec leurs grands becs, sont semblables à celles qui figurent sur des deniers frappés à cette époque à Melle en Poitou. Les feuillages et autres ornements sont de faible relief ; les motifs, agneaux et colombes, procèdent encore de la primitive tradition chrétienne ; les trois épais tailloirs sculptés et le travail en méplat montrent l'influence des modèles byzantins.

On peut dire qu'à l'époque mérovingienne, la statuaire n'existait plus : les quelques essais de représentation de la figure humaine que nous avons de cette période, comme les dalles de Saint-Maximin et la châsse de Saint-Benoît-sur-Loire, sont de la gravure et non de la sculpture ; au Musée de sculpture comparée, quelques figures (A. 51) de la façade de l'ancienne église d'Orchaise (Loir-et-Cher) montrent le peu d'aptitude de l'art carolingien en matière de statuaire. Ces panneaux en forme de petits frontons, dont les originaux sont malheureusement détruits, portent des figures variées et de relief très faible où l'on sent l'imitation de modèles gallo-romains.

La statuaire du xe siècle était toute entre les mains des moines orfèvres, comme Odoranne de Sens, qui nous raconte lui-même comment il copiait des sculptures gallo-romaines et exécutait des châsses à figures, ou comme l'auteur de la statue en feuilles d'or repoussées de Sainte-Foy-de-Conques, heureusement conservée, et, celle-là, d'inspiration toute byzantine.

Un panneau de Ravenne et quelques morceaux de sculpture

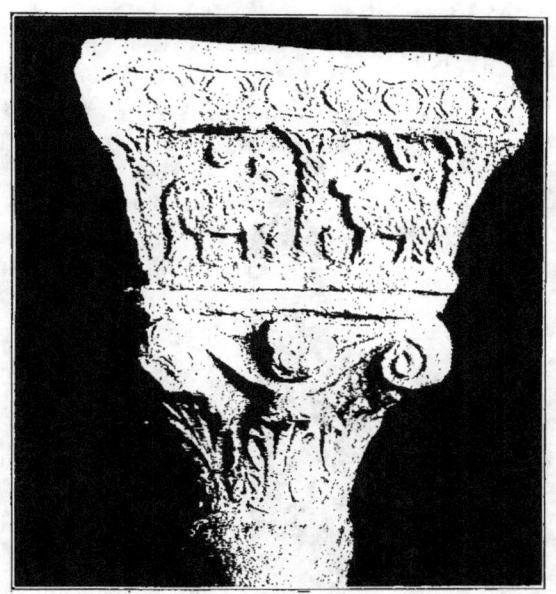

Photo Neurdein.
Fig. 4. — Chapiteau de Saint-Laurent de Grenoble.

d'ornement de la Syrie centrale (I. 223 à 227) à El-Barah, Btirsa, Babiska, montrent comment à partir du IVe ou Ve siècle, l'art byzantin a transformé la tradition antique sous une influence venue d'Orient. Les ornements très stylisés sont découpés profondément et à angle droit, comme à l'emporte-pièce ; les inflexions des modèles sont remplacées par des facettes ; les ornements géométriques, rosaces et entrelacs sont en grande faveur.

Lorsque Charlemagne voulut faire sortir les arts de la profonde décadence où ils étaient tombés, c'est aux modèles et aux artistes byzantins qu'il dut recourir. Sa célèbre chapelle palatine d'Aix est une copie simplifiée de l'église Saint-Vital de Ravenne, bâtie au VIe siècle par Julien l'Argentier.

Lorsque Théodulfe, évêque d'Orléans, fit bâtir en 806 l'église de Germigny-les-Prés, il en fit de même la reproduction d'un édifice byzantin (A. 37-38).

C'est dans le même esprit et sous la même influence que sont sculptés en 806 les chapiteaux (A. 37-38). L'un d'eux, portant une retombée d'archivoltes, et provenant de la lanterne (fig. 5), est un travail de stuc, il est la persistance d'une tradition romaine qui va s'éteindre. L'époque romane ne connaîtra plus que l'ornement taillé en pleine pierre d'appareil, et non plaqué ou modelé dans un enduit.

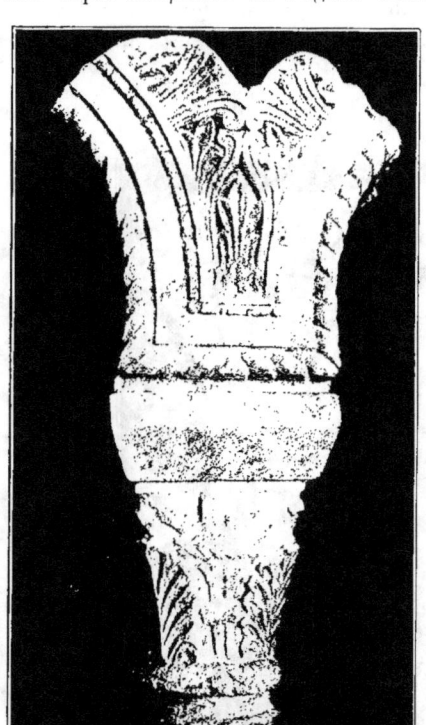

Photo Neurdein.
Fig. 5. — Église de Germigny-les-Prés. Chapiteau et sommier de la lanterne.

D'autres ornements carolingiens consistent simplement en rosaces, analogues à celles des édifices byzantins de Syrie, et en entrelacs ; les fragments de ce genre sont encore nombreux, et le Musée en possède qui proviennent de Reims et de Saint-Jouin de Marnes (A. 52-53).

III

L'ART ROMAN

LA SCULPTURE ROMANE

L'art roman occupe la première salle des deux grandes galeries. Deux de ses portails les plus imposants et les plus typiques déploient leur magnificence au fond de chacune : celui de Vézelay (B. 290) s'épanouit à l'entrée de l'aile de Paris ; à l'entrée de celle de Passy, c'est le portail de Moissac (B. 151) ; d'autres beaux spécimens du même art tapissent les parois. Mais toutes les œuvres romanes n'ayant pu tenir dans cet espace, les grands portails de Charlieu (B. 56) et de Saint-Gilles (B. 255) servent de frontispice à deux salles gothiques de l'aile de Passy, tandis que dans l'aile opposée, celui de Sainte-Marie-des-Dames de Saintes (B. 222) encadre l'entrée de la bibliothèque et des bureaux, au fond de la salle dite de l'Ornement.

Ces portails, et sur les murs latéraux ceux d'Avallon (B. 24) d'Aulnay (B. 16) et de Carennac (B. 48), permettent d'apprécier l'effet d'ensemble de l'architecture romane, tandis que les nombreux détails de statuaire et de décoration, répartis dans les mêmes salles et dans celle dite de l'Ornement, montrent sa valeur plastique, ses diverses sources, son évolution ; les caractères de ses différentes écoles.

Quant à l'architecture romane, elle est représentée dans la galerie des modèles par Notre-Dame-du-Port de Clermont et par la cathédrale du Puy.

Le nom de *style roman*, imaginé en 1825 par M. de Gerville, convient parfaitement.

En effet, cet adjectif s'appliquait déjà aux langues sorties du latin, comme l'art qui lui succède est sorti du style gallo-romain, et les modifications qu'ont subies la langue et l'art après une période d'élaboration sont les mêmes.

Les langues romanes ont simplifié et assoupli le mécanisme compliqué de la grammaire et de la syntaxe latines ; elles se sont différenciées en dialectes, et ont mêlé au fond romain divers éléments étrangers.

C'est de même absolument que procède l'art roman : il se débarrasse des complications inutiles et arbitraires des Romains ; telles que les canons de proportions, les insertions de tronçons d'entablement entre les arcs et leurs supports ; l'étroitesse des retombées qui n'utilisent pas l'évasement du chapiteau, les frontons décoratifs ; la complication d'appareil des voûtes.

D'autre part, il admet la combinaison de divers éléments étrangers à l'art romain : les imitations de modèles orientaux et les souvenirs de l'ornementation barbare.

Enfin, de même que les langues romanes forment, selon le génie de chaque peuple, des langues subdivisées en dialectes, l'art roman se divise en écoles et en sous-écoles.

Une particularité de la sculpture romane est que, presque jamais, elle n'imite directement ou fidèlement la nature : les artistes d'alors étaient comme les enfants qui préfèrent copier des dessins, plutôt que de dessiner d'après les objets eux-mêmes.

Tout comme les carolingiens, les lombards et les orientaux, ils ont toujours stylisé les éléments qu'ils empruntaient à la nature ; végétaux, animaux, personnages sont bien ou mal dessinés, mais toujours conventionnels, et peut-être les figures les mieux dessinées sont-elles les plus stylisées, comme les statues des portails de Chartres (fig. 6) et de Corbeil.

La période romane s'étend de la fin du Xe à celle du XIIe siècle, mais il est des contrées où le style roman persista beaucoup plus longtemps : ainsi, il resta usuel au XIIIe siècle en Allemagne et dans les Alpes. Observons aussi que la décoration romane survit à l'architecture : le chœur de Saint-Germain-des-Prés (1163), complètement gothique de structure, est non moins roman d'ornementation.

Ces deux siècles de durée comprennent deux étapes très distinctes : jusque vers 1120, le style reste gauche, lourd et grossier, et l'on peut dire que la statuaire n'existe pas ; depuis, au contraire, les progrès sont extrêmement rapides, mais dès la même date ont apparu les premiers éléments de la structure gothique. Quelques chapiteaux de Saint-Aignan d'Orléans (B. *181*, fig. 7), les

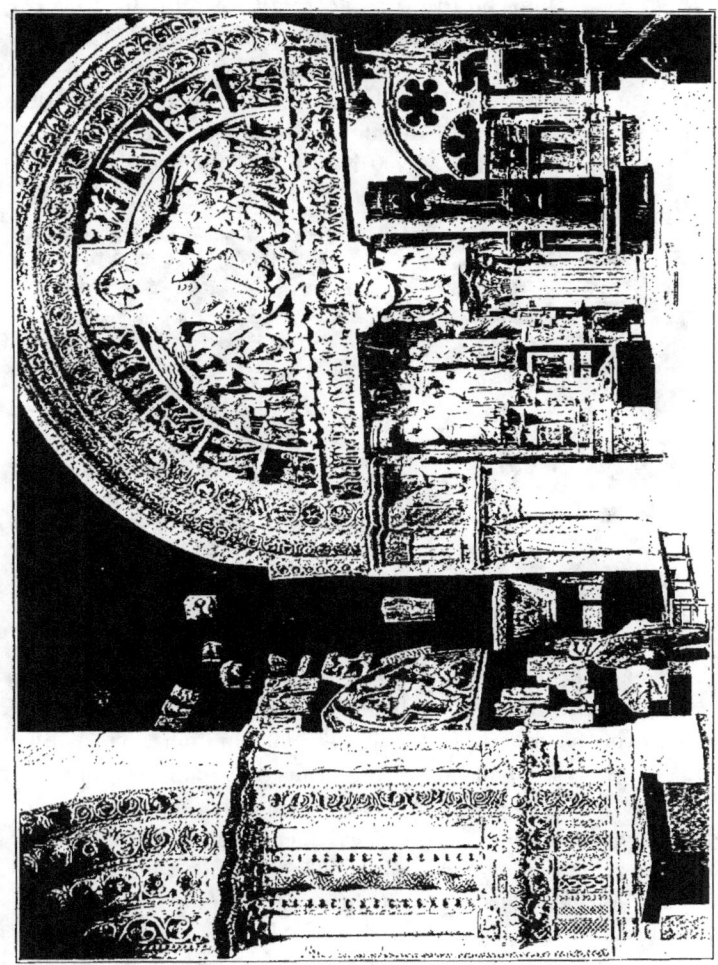

Fig. 6. — Portails de Vézelay et d'Avallon.

paons encadrant des fenêtres à Aregno (Corse) (B. *9*); les chapiteaux historiés de Clermont (B. 104 à 107), et de Saint-Nectaire (B. 275, 276) donnent une idée de la première période romane. Au milieu et à la seconde moitié du XII° siècle appartiennent, au contraire, des œuvres très habiles de dessin et d'exécution : chapiteaux de Toulouse (B. *281* à 285), Donzy-le-Pré (B. *117* à *119*), Autun (B. *21* à *23*), Blois (B. *28* à *30*), Saint-Pierre-le-Moustier (B. *279*, *286*), Châlons-sur-Marne (B. *49* à *51*), frises de Bourges (B. *31*), de Saint-Gilles (B. *256*), de Mantes (B. *145*), d'Avallon (B. 24), chapiteaux de Dommartin (B. 114 à 115), chapiteaux de Saint-Benoît-sur-Loire (B. 243), portails de Moissac (B. 153), Charlieu (B. 56), Saint-Gilles (B. 255).

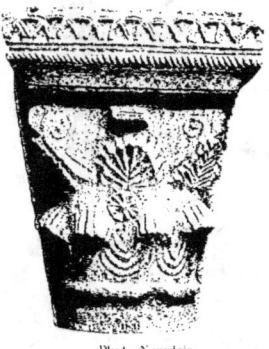 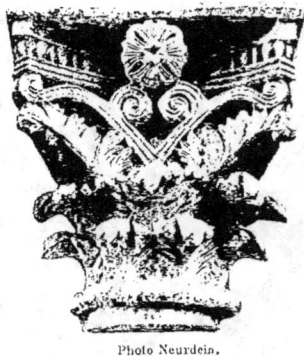

Photo Neurdein.   Photo Neurdein.

Fig. 7. — Chapiteau corinthien du XI° siècle à Saint-Aignan d'Orléans.   Fig. 8. — Chapiteau corinthien du XII° siècle à Saint-Nazaire de Carcassonne.

L'art roman primitif est le plus varié ; dans la seconde période, il s'est fait une sélection des meilleurs motifs, et ils sont traités avec un égal savoir-faire, ce qui donne à l'ornementation plus d'uniformité. D'autre part, on aurait tort de croire que dans les imitations de l'antique, les plus parfaites soient les plus proches de l'Antiquité, c'est exactement le contraire (fig. 7 et 8), car les artistes plus habiles de la seconde période ont su copier plus exactement leurs modèles.

A l'imitation des types antiques, le style roman mélange celle des modèles byzantins et de l'art barbare. Ce dernier n'a rien fourni à la construction, et a eu dans l'ornement une influence moindre que celle des deux autres ; l'art byzantin a fourni plus de modèles d'ornement que de structure ; l'art romain est la source de presque toute l'architecture et de plus de moitié de l'ornementation.

L'ART ROMAN

On peut voir réunis dans la salle dite de l'Ornement, des morceaux dérivés de ces trois sources.

Du Nord au Sud, le chapiteau corinthien et les rinceaux d'acanthe continuent à servir de modèles, mais ces modèles sont plus nombreux et mieux compris dans le Centre et le Midi, comme le montrent les

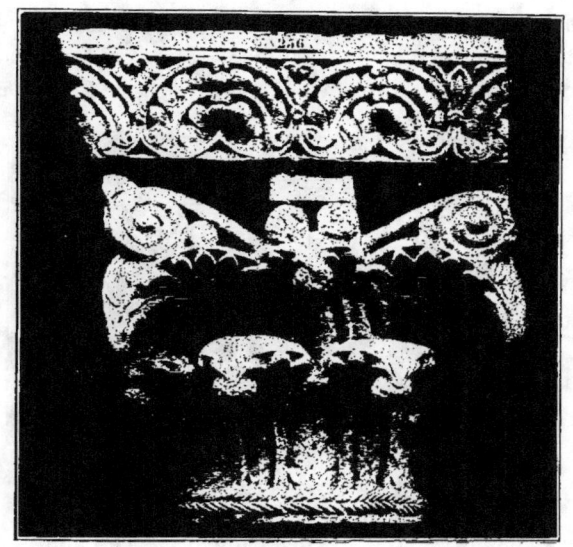

Photo Neurdein.
Fig. 9. — Chapiteau de Saint-Sernin de Toulouse.

modèles du XII° siècle plus avancé empruntés à Orcival, Carcassonne (fig. 8), Saint-Aignan, Saint-Gaudens, Saint-Pierre-le-Moutier (Nièvre), Saint-Laumer-de-Blois.

A Autun comme à Vézelay, des figurines s'ajoutent aux feuillages ; à Notre-Dame-en-Vaux de Châlons-sur-Marne (B. *49-51*), à Saint-Julien-le-Pauvre de Paris (B. *190-191*), ce sont des sirènes et autres animaux chimériques qui s'y abritent ; à travers les rinceaux qui forment les beaux chapiteaux de Saint-Sernin, de Toulouse (B. 282 à 285), se meuvent des personnages, des êtres fantastiques, des animaux. La Néréide ou sirène, le satyre, le sagittaire y décèlent la fréquentation des modèles de l'antiquité. Comparez les chapiteaux d'acanthe de Toulouse (fig. 9) (salle de l'Ornement) et (salle 1) les pilastres à rinceaux du portail de Mantes (B. 144-145) ; ils ont la même énergie et la même rectitude de dessin ; les chapiteaux des cloîtres disparus de Toulouse et de Corbie (B. 110), montrent les mêmes qualités ; elles se révèlent à un haut degré dans les chapiteaux (fig. 10) de l'abbaye détruite de Dommartin en Ponthieu (B. 111 à 115), monument consacré en 1163. Ils sont originaux par leur plan octogone et par leur galbe de tradition carolingienne, qui ramène des retombées verticales devant l'évidement très creusé de la corbeille.

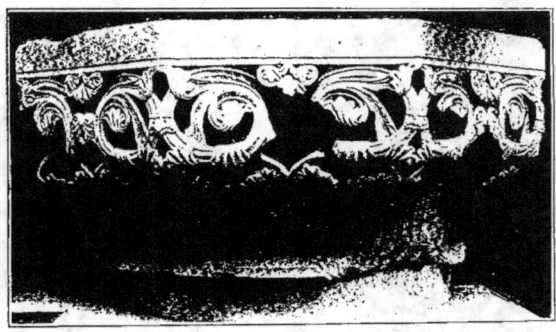

Photo Neurdein.
Fig. 10. — Chapiteau de Dommartin-en-Ponthieu.

Comme les chapiteaux romans des cathédrales de Laon et de Senlis ou de Saint-Martin-des-Champs (B. *194* à *200*), ils sont formés de feuillages analogues à l'acanthe corinthienne, mais d'un type spécial, avec refends accentués et folioles à facettes disposées comme un plissé, en cannelures anguleuses plus nettes, plus vigoureuses que celles des feuillages antiques. Parfois, et aussi bien dans le Nord, à Dommartin, à Reims (B. 221) ou à Laon que dans le Midi, à Arles (B. 11), ou à Toulouse (B. *200*, 283), le chapiteau est formé de rinceaux, motif antique usuel, mais que l'antiquité n'adaptait pas aux chapiteaux. Par une transposition analogue, beaucoup de chapiteaux romans de diverses régions sont décorés de bas-reliefs à personnages, surtout dans les cloîtres, tels que ceux d'Arles, de Moissac, et dans les sanctuaires d'églises, spécialement en Auvergne. Comme spécimens de ces derniers rien n'est plus typique

que les chapiteaux de Notre-Dame-du-Port de Clermont (B. 104 à 107) et de Saint-Nectaire (Puy-de-Dôme, B.2 75-276), moulés dans la première salle du côté de Paris. Leur charme n'est pas dans la forme, pesante et pâteuse, mais bien dans l'originalité naïve de la composition. L'artiste s'est appliqué de part et d'autre, avec assez de bonheur à être naturel et clair; de nombreuses inscriptions, viennent du reste, à son secours.

A Saint-Nectaire, la légende du saint occupe un chapiteau où l'église du lieu est figurée fort exactement. Sur l'autre, on voit la Cène, la Transfiguration, traitée d'une façon étrange, avec des Apôtres endormis et trois « tabernacula » qui sont des églises ou chapelles, allusion sans doute à des fondations de l'abbaye ; enfin un énigmatique personnage. Ranerius, s'accroche à une colonne tandis qu'un guerrier le menace et qu'un ange également armé menace le guerrier. Cet homme serait-il un coupable trouvant refuge dans l'église qui jouissait du droit d'asile? En ce cas, la sculpture pourrait être soit un *ex-voto*, soit l'affirmation du droit des moines; il n'est pas rare que les abbayes aient mis leurs privilèges sous la garde de Dieu et des saints en en faisant peindre, graver ou sculpter l'affirmation dans le sanctuaire.

A Clermont, un chapiteau porte la signature de l'imagier *Rotbertus*. Pour y retracer la lutte des Vertus et des Vices, Robert a dû prendre comme modèle à la bibliothèque des moines, un manuscrit enluminé de la *Psychomachie* de Prudence, et ce livre devait être ancien déjà si l'on s'en rapporte aux costumes. Deux figures armées de pied en cap à la mode des temps carolingiens croisent la lance ; sur les écus de deux autres combattants, on lit AVARITIA et LARGITAS, et près d'eux, la Colère se perce de sa propre épée : IRA SE OCCIDIT. Le donateur de ce chapiteau, Étienne, s'y est fait représenter, le tenant en main et l'offrant à la Vierge : IN ONORE S. MARIAE, STEFANUS ME FIERI JUSSIT.

Un chapiteau est consacré au trépas de la Vierge, que son Fils ressuscité vient, de ses propres mains, tirer du tombeau pour la couronner au Ciel ; sur un autre, sont racontées les naissances merveilleuses de Jésus et de Jean-Baptiste ; on y voit l'Annonciation et les désagréments auxquels s'expose un homme qui n'accepte pas sans discussion le communiqué qu'un ange lui fait l'honneur de lui transmettre. L'ange, en effet, houspille également Zacharie et le pauvre Joseph, qu'il secoue par la barbe, tandis que, portant la main à son front que plisse l'étonnement, il fixe de grands yeux sur la banderole qui porte : Noli dimitere eam.

Ève s'y prend plus gracieusement que les anges pour persuader son époux : c'est avec un visage souriant et un geste d'une grâce affectée qu'elle présente à Adam le fruit défendu, et ici le sculpteur n'a pas hésité à corriger son texte pour le rendre plus vraisemblable : un fruit si tentant ne pouvait être une pomme ; l'artiste a pris sur lui d'y substituer une belle grappe de raisin, réclame que durent approuver les viticulteurs du pays. Mais où il sort de la vraisemblance, c'est en attribuant à notre commune mère d'aussi hideuses formes. Ève, est un paquet de chairs flasques qui nous ouvre un jour effrayant sur l'esthétique de son imagier. Continuant d'ajouter au texte sacré des détails vraisemblables, celui-ci nous fait assister aux suites de la faute : ce sont de pénibles explications entre l'ange, qui secoue Adam par la barbe, ce geste est décidément angélique, et entre Adam et sa femme, si mauvaise conseillère. L'artiste a cru pouvoir placer à cette date reculée la première scène de ménage. Adam, malmené par l'ange, s'en prend à sa compagne. Beaucoup plus beau de dessin est le chapiteau de Mozac : les Saintes Femmes au Tombeau.

A côté d'éléments antiques, l'inspiration byzantine se reconnaît dans les feuilles d'acanthe traitées avec sécheresse en faible relief, et découpées comme à l'emporte-pièce ; dans la statuaire à moitié méplate du porche de Saint-Gilles (fig. 14), manifeste agrandissement de figures sculptées dans des feuillets d'ivoire, dans les figures émaciées, étirées en longueur, aux gestes guindés, à la démarche sautillante de Vézelay, du tympan d'Autun (B. 20), les draperies à petits plis traitées en gravure plutôt que modelées à Vézelay (fig. 6), à Notre-Dame-de-Poitiers (B. 205), à Saint-Gilles. Le tympan de Vézelay est, en outre, l'œuvre d'un sculpteur qui copie le dessin sur parchemin, avec des hachures à la plume ou au pinceau, et qui n'a pas encore retrouvé les ressources et la véritable technique de son art.

A Saint-Gilles (B. 255), à Arles (B. 10), à Moissac (B. 154), les draperies forment des courbes plus ou moins concentriques et des plans légèrement bombés que séparent des rainures, souvent doubles, laissant entre elles un filet et rappelant les cannelures rudentées.

Le même style et les mêmes procédés se retrouvent dans les sculptures des riches façades d'églises du Sud-Ouest : le portail d'Aulnay (B. 16) ; dans des détails de Notre-Dame-la-Grande de Poitiers (B. 205), et de la cathédrale d'Angoulême (B. 1, 3), en sont la preuve.

Souvent, dans le bas de ces draperies, des retroussis brusques et capricieux semblent l'effet d'un vent sortant du sol, et concourent avec la démarche sautillante, les genoux ployés, les gestes affectés des personnages, à donner l'impression de pas de ballet. Cette bizarrerie d'allure est générale : dans les chapiteaux de Vézelay et les montants de portails de Moissac (B. 151, 153, 154) et Souillac (B. 237) ; il semble que l'artiste ait pris modèle sur des danseurs, et l'on se rappelle qu'au temps du mariage malheureux de Louis VII avec Éléonore

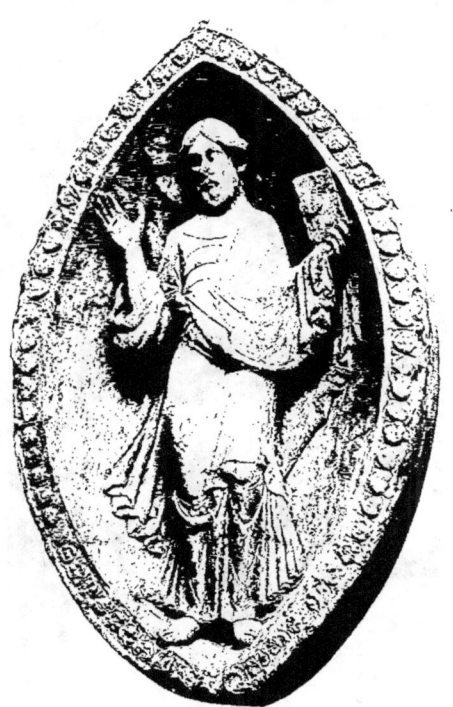

Photo Neurdein.

Fig. 11. — Christ en gloire du portail de la cathédrale de Cahors.

d'Aquitaine, la jeunesse élégante du Midi affectait une démarche sautillante et cadencée qui scandalisait fort les Français du Nord.

Le beau Christ en Gloire du portail de Cahors (fig. 11) décèle la même inspiration par l'arrangement systématique de ses draperies et rappelle les meilleures ivoires byzantins.

Des animaux à barbe assyrienne ont été sculptés au début du XIIe siècle à Tournai, sur les fonts baptismaux de Vermand (B. 289).

L'extrême-Orient lui-même a fourni des modèles à l'art roman ; du moins, dans la décoration assez exceptionnelle que reçut vers le début du xiie siècle la cathédrale de Bayeux, et dont on voit ici des spécimens. Les écoinçons (fig. 12) qui surmontent les retombées de ses arcades sont curieusement guillochés de dessins d'origine barbare, imitant les ouvrages de vannerie, et qui encadrent de curieux motifs sculptés.

L'un est un lion ; sur un autre, s'entrelacent des serpents (B. 25-26). Ces divers animaux, stylisés, criblés de trous destinés à former des points noirs, ont parfaitement le style et l'allure des bronzes et des bois sculptés de la Chine, tandis que le troisième, hindou de facture et de costume, figure un bateleur qui montre un singe (B. 27).

Les chapiteaux du portail de Saint-Martin de Brive (B. 36) sont de dessin arabe, et ceux du cloître de Moissac (B. 156 à 158) nous montrent en Languedoc et au xiie siècle des motifs de même origine, et de cette origine, la preuve écrite, car un des tailloirs porte l'imitation d'une inscription coufique. Sur d'autres, des imbrications et des écailles copient des décorations de sarcophages gallo-romains. Des sujets sculptés sur ces chapiteaux permettent de saisir l'origine de leurs motifs arabes. On y voit, en effet, l'illustration de la légende des saints espagnols Fructueux, Augure et Euloge. Le prieuré de Moissac avait des possessions en Espagne et se trouvait sur la route des pèlerins de Compostelle, par où bien des

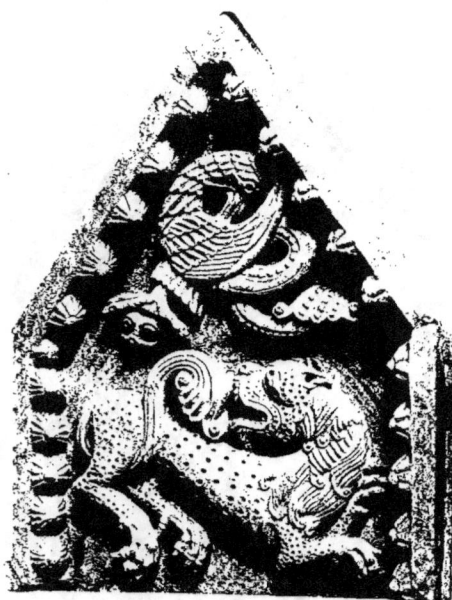

Photo Neurdein.
Fig. 12. — Bas-relief de la cathédrale de Bayeux.

formes d'art ont pénétré de France en Espagne et parfois d'Espagne en France ; ici, il est certain qu'un artiste est venu de la péninsule apportant ses habitudes d'art et de dévotion.

Les imitations de ce genre peuvent être des souvenirs de pèlerins, mais bien plus souvent, les motifs orientaux sont empruntés à des

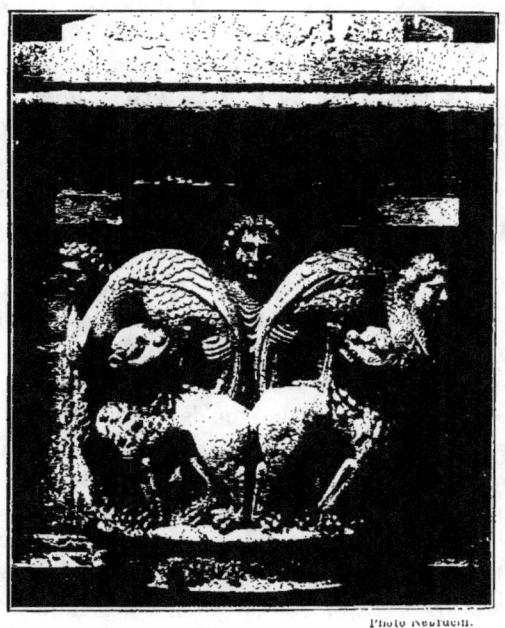

Fig. 13. — Chapiteau de Saint-Benoît-sur-Loire.

objets mobiliers importés, tissus, broderies, ivoires et bois précieux sculptés circulaient un peu partout, et il est curieux de constater combien un chapiteau (fig. 13) de Saint-Benoît-sur-Loire (Loiret), orné d'aigles perchés sur des lions, est semblable à un chapiteau de Saint-Eutrope de Saintes ; l'un et l'autre procèdent d'un motif usuel de tissus orientaux (B. 244 et 226). Ces objets étaient amenés en grand nombre chez nous au XIIe siècle par les grandes foires internationales de Provins et de Beaucaire, et par les marchands et pèlerins venus d'Orient.

Non seulement la plastique, mais l'iconographie et la littérature s'inspiraient de thèmes orientaux. Un bas-relief de Souillac (B. 239) représente la célèbre légende du clerc Théophile, que l'ambition amène à vendre son âme au diable, mais que la Vierge, à qui il était resté dévot, vient sauver à la dernière heure, en arrachant des griffes du Maudit le contrat scellé et authentique. Cette belle histoire restera populaire jusqu'à la fin du Moyen Age : on la voit encore vers 1300, dans les bas-reliefs extérieurs du chœur de Notre-Dame, en partie moulés dans l'aile de Paris, et l'on sait qu'elle excitait encore la piété de la bonne mère de Villon.

Quant à l'élément barbare, il se réduit à peu de chose, il procède des travaux de bois et de métal de l'époque franque et se rencontre surtout dans la première période et dans les provinces du nord. On peut lui attribuer les chapiteaux cubiques (Saint-Dié, B. 246) et godronnés (Caen, B. *12*), les entrelacs (chapiteaux probablement carolingiens et remployés de Brantôme, B. *34-35*), les imitations des œuvres de vannerie dans l'École normande (Bayeux, B. *25*).

Quant aux Écoles d'art spéciales aux diverses régions, elles sont très tranchées à l'époque romane, où le régime féodal multipliait les frontières. Leur développement n'est pas synchronique et leurs différences tiennent à celles des matériaux, des climats, des goûts, des traditions et des modèles dont disposaient les artistes.

L'art roman s'est surtout approché de l'Antiquité dans l'École provençale. Seule, elle a accepté les règles de proportions antiques et les ordonnances arbitraires des Romains, frontons décoratifs, et l'insertion totalement absurde d'architraves entre les colonnes et la retombée des arcs qu'elles portent.

Ces architraves, rares même en Provence, il faut le dire, se voient aux portails de Saint-Gilles (B. 255, fig. 13) et de Saint-Trophime d'Arles (B. 10) ; elles y sont sculptées de personnages comme dans les temples antiques ; les colonnes qui les soutiennent ont des chapiteaux corinthiens et reposent sur de hauts stylobates ; elles ont les proportions antiques. Les lions accroupis sous leurs bases, et qui remontent aussi à un type romain sont, comme le parti qui consiste à porter des voussures de forte saillie sur des colonnes complètement détachées de la façade, une pratique de l'École lombarde, qui a fourni beaucoup d'artisans d'art au XIIe siècle aux provinces du sud de la France et du nord-est de l'Espagne. Quant à la statuaire, les personnages de l'architrave de Saint-Gilles sont bien romains,

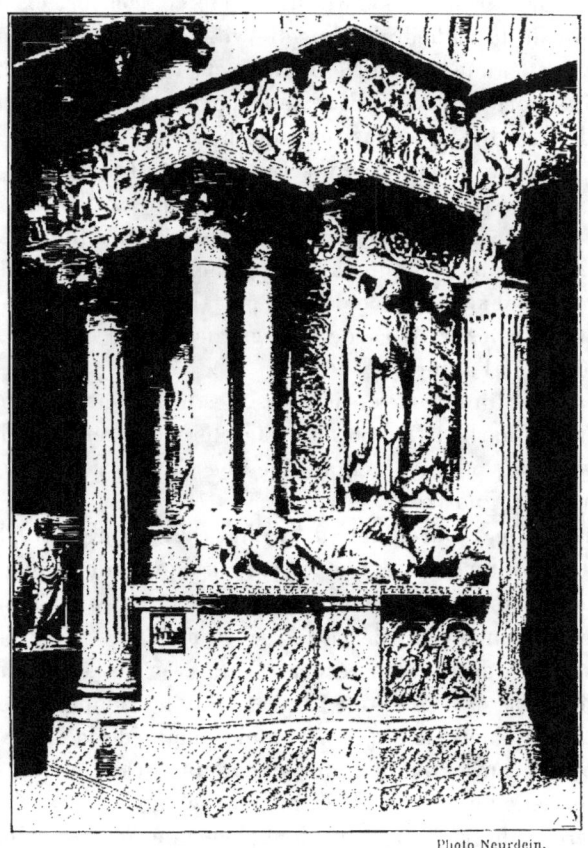

Photo Neurdein.
Fig. 11. — Détail du porche de Saint-Gilles.

de même que le saint Trophime sculpté dans le cloître d'Arles et qui figure en moulage dans l'aile de Paris; sa tête s'inspire de ce pêcheur antique que la Renaissance a baptisé Sénèque, mais les sculptures principales des deux portails sont plutôt inspirées de modèles byzantins.

Après la Provence, c'est la Bourgogne qui a su le mieux s'assimiler les qualités de la décoration romaine. Seules, ces deux provinces ont adopté le pilastre cannelé, et l'on sait que les galeries hautes des portes romaines d'Autun ont été copiées fort exactement au triforium de la cathédrale de cette ville, de celle de Langres et de l'église de Beaune. La porte d'entrée de l'abbaye de Cluny imitait aussi ces portes de ville. Le grand portail de Vézelay (B. 290) avec ses deux ordres de pilastres superposés (fig. 6), rappelle l'ordonnance romaine à architrave insérée; le portail d'Avallon (B. 24), dont le moulage est voisin, a des stylobates sculptés et des proportions tout à fait antiques. L'un et l'autre montrent l'utilisation des motifs d'ornement romains : chapiteaux d'acanthe, oves, et à Avallon rinceaux et rosaces d'acanthe : ce dernier portail montre quelle ampleur et quelle variété les artistes de Bourgogne ont su donner à leurs interprétations de l'antique.

Sous l'empire d'influences orientales, ces interprétations prennent au portail de Charlieu (B. 56) un caractère différent, et dans les ornements de la sculpture toulousaine une vigueur et une nervosité que les Romains ignoraient.

Aux portails de Saint-Lazare d'Avallon (fig. 6, premier plan), la statuaire des montants ainsi que le tympan de la baie principale ont disparu. La plus petite des deux portes, seule moulée au Trocadéro, montre sur un tympan mutilé la naissance du Christ avec l'histoire des Mages, et au-dessous sa résurrection, avec les saintes femmes au tombeau et la descente aux Limbes. Sur les soubassements, se voient quelques sujets, tels qu'un homme jouant de la vielle et une femme dansant sur les mains, un bateleur montrant un singe ; mais la beauté actuelle de ce portail n'emprunte plus rien à la statuaire : il est remarquable par les proportions, l'élégance de ses colonnettes et du tracé de ses voussures, la belle composition, l'ampleur, le dessin excellent des rinceaux d'acanthe et des rosaces qui les enrichissent. Ces ornements, inspirés de l'art gallo-romain, sont égaux pour le moins à ses meilleures productions, et on peut les dire originaux, car ils ont une vigueur et un effet que les Gallo-Romains n'atteignaient guère. Ils ont en outre le mérite, presque inconnu aux Romains, d'une concordance parfaite avec l'appareil. La richesse des voussures et des socles est si bien répartie qu'elle ne donne aucune impression de surcharge ou de confusion.

Pourtant, dans ce portail admirable, l'excès de la richesse et de la fantaisie a amené une faute de goût, car les deux fûts de colonnettes torses n'ont pas l'expression de fermeté qui convient à un membre portant. L'un surtout, guilloché avec art et patience d'un dessin qui reproduit les mailles d'un tricot, ressemble à un sac vide, à un tissu sans consistance et qui s'affaisse : c'est là, il faut l'avouer, une fantaisie malheureuse.

L'Ecole d'Auvergne, elle aussi, a beaucoup utilisé les modèles gallo-romains dont sa sculpture a toute la mollesse. Elle est moins originale que son architecture, représentée au Trocadéro par les modèles de Notre-Dame-du-Port de Clermont et de la cathédrale du Puy, et par le moulage du petit portail, plus bizarre que beau (B. 103) du premier de ces édifices. Nous avons vu les curieux chapiteaux de Clermont, de Saint-Nectaire et de Mozac ; quelques motifs ont été moulés à Souvigny (B. 240) et au Puy (B. 208 à 212).

L'Ecole poitevine, qui construit à peu près comme celle d'Auvergne, est, à l'inverse de celle-ci, prodigue de sculptures extérieures, surtout aux absides et aux façades. Une fenêtre d'abside et un portail d'Aulnay (B. 16 à 19), et un portail de Saintes (B. 222) montrent bien le style de cette école, qui affectionne les proportions trapues, les portails sans tympan mais à riches voussures, et qui tire sa sculpture un peu molle et confuse de sources romaines et byzantines. Les entrelacs de feuillages et les palmettes, les animaux fantastiques y abondent, et les motifs orientaux y ont plus d'importance que dans les écoles précédentes ; l'inspiration orientale commande, du reste, une partie de l'architecture du sud-ouest, mais les églises à coupoles telles qu'on en voit à Périgueux, tout à fait bâties comme celles de Chypre, se distinguent parfois de leurs modèles par la présence de sculptures. Le tombeau de Jean d'Asside évêque de Périgueux (B. 202), exécuté en 1169 par Constantin de Jarnac (B. 202), est une preuve de l'habileté des sculpteurs qui les ornaient.

L'Ecole du Languedoc n'est, en architecture, qu'une fusion des principes auvergnats et poitevins, mais la sculpture limousine et la sculpture toulousaine ont une haute valeur et un caractère très original, comme le montrent les détails B. 282 à 288 ; le portail et le cloître de Moissac (B. 151 à 174), et le portail de Souillac (B. 237 à 239).

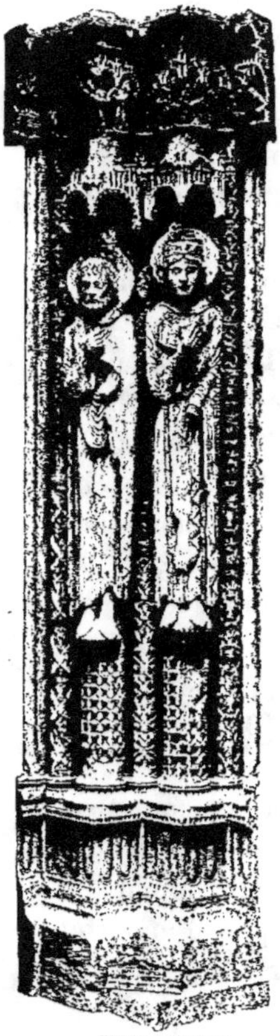

L'École normande a peu de statuaire et une ornementation plus ou moins rude, où les formes géométriques dominent. Les ornements de la cathédrale de Bayeux et les chapiteaux de Caen dans la salle de l'Ornement en témoignent ; dans la première salle de l'aile de Paris, un chapiteau de l'Abbaye-aux-Dames de Caen, orné de dragons, appartient à un art beaucoup plus fin et montre nettement l'influence orientale.

L'École germanique, qui a plusieurs analogies avec celle de Normandie, est représentée par les chapiteaux de Saint-Dié (B. 246-248) et par quelques œuvres de Suisse et d'Allemagne.

L'Ile-de-France et la Picardie, qui se rattachent pour la construction à l'École normande, ont une ornementation plus variée et plus souple. Il en est de même de la Champagne, encore peu habile dans l'art de bâtir, et qui s'inspire des Écoles voisines.

Les chapiteaux romans de Saint-Martin-des-Champs (B. *194* à *200*) et de Poissy (B. 204) montrent ce qu'était l'art ornemental parisien vers 1140 ; un peu plus tard, des chapiteaux de cloître de Saint-Rémi de Reims (B. 218) et de Corbie (B. 110), puis vers 1160 les rinceaux du portail de Mantes, les chapiteaux (B. 144-145) de Notre-Dame-en-Vaux de Châlons (B. *49-51*), de Saint-Laumer de Blois (B. 28), de Dommartin (1163, B. 111 à 115, fig. 10), de Saint-Julien-le-Pauvre (B. *190-193*) nous font admirer dans la fin de l'art roman septentrional la beauté de compositions savamment compliquées, de motifs végétaux sévèrement choisis et de l'exécution

Photo Neurdein.
Fig. 15. — Montant du portail royal de la cathédrale de Chartres.

la plus habile. Cet art se mêle dans les sculptures de la cathédrale de Laon (B. 125 à 134) aux premières manifestations du style gothique.

Les animaux fantastiques qui trouvent encore place dans la sculpture ornementale de la fin de l'époque romane, ont souvent une beauté de forme digne de l'antiquité comme en témoignent un détail de socle du grand portail de Senlis (B. 236, et les chapiteaux du porche de Saint-Loup-des-Naud (B. 271-272).

Les Anciens ont fait des cariatides, c'est-à-dire qu'ils ont donné à une statue le rôle de fût de colonne ; le XIIe siècle a parfois imité cette disposition et, à partir de 1140 environ, des statues ont été non substituées, mais adossées aux fûts des colonnettes de certains portails (fig. 15).

Cette statuaire, comme l'ornement, procède des modèles gallo-romains, des peintures et des ivoires byzantins.

L'origine gallo-romaine est évidente dans des œuvres telles que les frises des portails de Saint-Trophime d'Arles et de Saint-Gilles, et les chapiteaux auvergnats de Mozac, de Saint-Nectaire et de Notre-Dame-du-Port. Les formes y sont trapues, rondes et molles ; les chapiteaux de Brioude (Haute-Loire) sont encore plus probants ; on y voit un génie volant et des sirènes dont la nudité a gardé le charme du modèle antique, comme la figure de la Luxure sculptée au portail de Charlieu (B. 56).

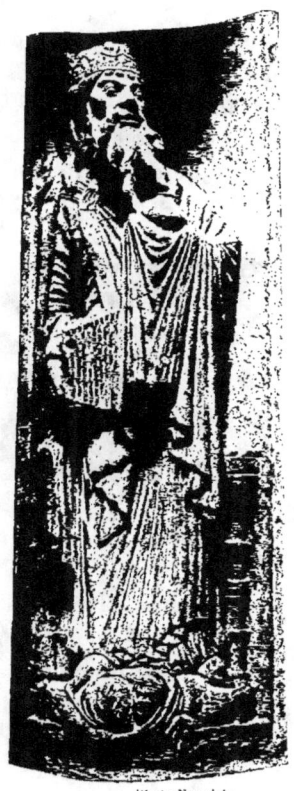

Photo Neurdein.

Fig. 16. — Un vieillard de l'Apocalypse. Voussures du portail royal de Chartres.

La région du Nord n'a imité que de plus loin ces modèles ou ceux de l'art byzantin et n'est pas tombée, comme la Bourgogne et le Languedoc, dans la préciosité. Ses rares essais de statuaire antérieurs au milieu du XIIe siècle sont des figures de chapiteaux et de modillons d'une grande rudesse, mais depuis 1140 environ, elle aborde les grandes compositions à figures nombreuses, aux portails de Saint-Denis, Chartres (fig. 16), Etampes, Saint-Loup-de-Naud, Corbeil, Senlis (fig. 17), Bourges, Le Mans. Ses sources d'inspiration sont les mêmes ; son style est plus calme.

Après le premier quart du xiie siècle, l'École de sculpture du domaine royal acquit les qualités qui lui avaient jusque-là fait défaut ; ses progrès marchèrent de pair avec ceux de l'architecture. De 1137 à 1140, Suger élève le porche de Saint-Denis, dont la décoration sculpturale (B. 245) servira de modèle peu d'années après aux portails de Chartres (B. 73, 81, 89). Il est fait mention des travaux de

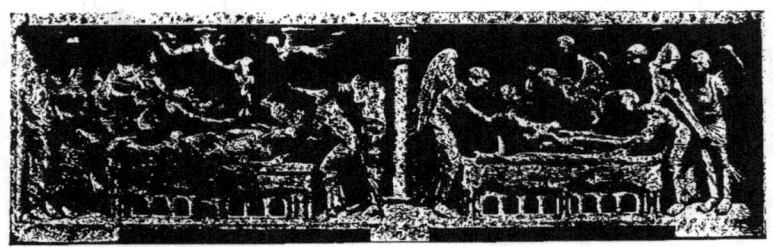

Photo Neurdein.
Fig. 17. — Le Trépas et l'Assomption de la Vierge, linteau du grand portail de la cathédrale de Senlis.

la façade de Chartres dès 1145, et si la statuaire de Saint-Denis a malheureusement disparu, il reste au portail de l'abbaye royale des colonnettes non retouchées, à fûts couverts de rinceaux, et le rapprochement des moulages est ici singulièrement éloquent : il montre, d'accord avec les textes, que l'on a dû travailler dès 1145 au portail de Chartres. Deux monuments aussi voisins et aussi analogues ne peuvent être séparés par de longues années à un moment et dans une région où le progrès artistique était rapide.

Au portail de Senlis, la statuaire n'est guère moins remarquable : il y a une conception d'ensemble et un sentiment tout à fait intéressant dans le linteau (B. 235) qui représente les Anges tirant du tombeau le corps de la Vierge pour l'emporter au ciel, et qui volètent autour d'elle avec des gestes empressés.

Le même style s'étendit bientôt au centre de la France, il n'y fut pas toujours aussi parfait et céda le pas un peu plus lentement à l'ornementation gothique.

On peut mettre en parallèle avec les morceaux que nous venons de voir les rinceaux d'acanthes, d'un grand effet mais aussi d'une grande sécheresse, qui ornent le linteau du portail nord de Bourges (B. *3*) les chapiteaux d'acanthes de Saint-Laumer de Blois (B. 28 à 30), et le tombeau de Jean d'Asside (B. 202).

La statuaire du grand portail de Chartres (B. 60 à 89) nous montre un parti pris absolu de stylisation : les figures sont étirées en longueur pour suivre les lignes de l'architecture, mais elles sont d'un dessin remarquablement voulu et correct, et l'observation directe de la nature y est déjà manifeste. Des types variés y sont rendus avec bonheur.

Les statues du portail de Saint-Loup-de-Naud et du portail détruit de Corbeil montrent les mêmes qualités.

Les grands portails du xiie siècle forment parfois déjà de vastes compositions illustrant les pages principales des livres saints. L'esprit mystique et curieux des artistes s'est, semble-t-il, particulièrement attaché au texte le mieux fait pour décourager le peintre et le statuaire, l'Apocalypse, et ils ont résolu le difficile problème de le rendre fidèlement en lui gardant toute sa majesté. Le tympan de Moissac en est la preuve.

Les portails comme celui-là ou celui de Vézelay présentent déjà les qualités de composition des portails historiés du xiiie siècle, et les sculpteurs de notre temps ne sauraient assez prendre modèle sur ces œuvres, car s'ils les surpassent pour la correction du dessin, en revanche on a poussé de nos jours jusqu'à l'extrême le vide ou la platitude de la pensée, et la discordance entre l'architecture et son décor. Au contraire, on ne saurait trop admirer chez l'artiste du xiie siècle l'adaptation du décor aux lignes et à l'appareil de la construction, et la façon dont il fait concourir toute sa composition sculpturale à l'expression exacte et complète d'une idée précise.

Prenons le grand portail de Vézelay (B. 290, fig. 6) : sur les montants et le trumeau, saint Jean-Baptiste montre l'Agneau, et des apôtres discutent deux par deux avec animation et gravité; ce ne sont là que des figures accessoires : le tympan nous montre, dans une sorte d'apothéose, la mission des apôtres et la fondation de l'Église chrétienne.

Au centre, et de taille colossale, le Christ glorifié est assis sur son trône dans une auréole ; sa tête perce les nuées, et de ses mains étendues partent des rayons, figure sensible de l'Inspiration divine, qui vont toucher au front chacun des apôtres groupés à ses côtés.

Au-dessous, est une curieuse frise dont on a donné diverses interprétations, mais qui semble se rattacher au sujet central et symboliser la vocation de tous les peuples au christianisme.

A gauche défile une longue théorie de guerriers et de porteurs d'offrandes diverses, que précède un bœuf conduit par des sacrificateurs. Ce cortège, inspiré de quelque frise antique, paraît représenter les offrandes et sacrifices de l'ancienne Loi.

A droite, une autre procession se dirige vers deux personnages de taille surhumaine qui semblent l'accueillir ; l'un de ces personnages tient une clef. Ce sont les chefs de l'Église, saint Pierre et saint Paul, appelant à elle les Gentils ; en effet, le cortège qui se dirige vers eux se compose d'hommes vêtus à l'antique, de cavaliers et de personnages monstrueux et fantastiques. Ces derniers représentent les peuples fabuleux auxquels ont cru les Anciens. Parmi eux, un pygmée monte à cheval à l'aide d'une échelle.

Autour du tympan se déroule une voussure à huit compartiments qui correspondent aux claveaux ; dans chacun est un tableau dont le sujet a besoin d'explication ; au bas et à gauche du spectateur, l'auteur de l'*Apocalypse* et son secrétaire écrivent aux sept églises d'Asie ; dans les tableaux suivants, le sculpteur s'est évertué à illustrer les avis que saint Jean adresse à ces premières églises chrétiennes.

La seconde voussure forme une suite de médaillons où les signes du zodiaque sont mis en regard des occupations propres à chaque mois de l'année : c'est un thème iconographique d'origine romaine, qui a passé aussi des manuscrits antiques et carolingiens dans la sculpture monumentale des xiie et xiiie siècles.

En regard est exposé le tympan d'Autun (B. 20), exécuté et signé par le maître Gilbert. On sait que la cathédrale à laquelle il appartient fut commencée en 1120, consacrée en 1132.

Le Jugement dernier est représenté dans le même style, avec figures méplates et draperies à petits plis fins, où les effets sont obtenus par des traits gravés semblables aux hachures d'un dessin.

Le Christ, de taille colossale, d'inspiration toute byzantine, assis dans une gloire, occupe aussi le centre de la composition. A sa droite, sont groupés des saints, et saint Pierre, tenant les clefs, prend par la main les élus qu'un ange hisse d'une façon quelque peu brutale et naïve dans les tribunes couvertes qui figurent le Paradis. A sa gauche, au contraire, une sorte de rouffle d'où sortent les mâchoires d'une tête monstrueuse, et une margelle de puits d'où sortent des flammes et une tour de château figurent les portes de l'Enfer, où les diables attirent et précipitent les damnés. Des anges sonnent d'énormes trompettes, buccines ou olifants et, dans la frise du linteau, on voit ressusciter les morts.

A la droite du Christ sont les justes ; parmi eux, deux évêques ont gardé leurs vêtements et leurs crosses ; deux pèlerins n'ont que leur panetière ornée d'une croix ou d'une coquille. Des enfants s'accrochent de leurs bras aux anges près de qui ils cherchent protection.

Un des anges, armé du glaive, sépare les élus des damnés ; ces derniers ressuscitent dans des attitudes de désespoir et ont aussi leurs attributs : deux serpents dévorent la poitrine de la femme impudique ; l'ivrogne porte avec effort un barillet, et le sac d'écus pend au col de l'avare. Des griffes monstrueuses saisissent la tête d'un autre malheureux.

Au portail de Moissac (B. 151, fig. 18), le statuaire a pris pour modèles les ivoires byzantins, mais déjà il a su faire subir au style qu'il empruntait une transformation originale ; les figures en haut relief se détachent vigoureusement sur l'ombre des fonds ; elles sont construites et singulièrement expressives ; leur type, que nous trouvons vulgaire aujourd'hui, est très particulier et semble observé ; il a dû se rencontrer dans une partie de l'aristocratie du XIIe siècle qui ne fut sans doute pas la plus affinée.

Le Christ en gloire occupe toujours le centre du tympan, qui n'est que l'illustration fidèle du début de l'Apocalypse : il est couronné et entouré des quatre Animaux. A ses pieds sont assis les vingt-quatre Vieillards couronnés, tenant des vielles, et élevant vers lui dans un geste d'hommage les fioles de parfums qui sont les prières des fidèles.

Les contreforts qui portent la voûte en berceau brisé formant porche sont ornés aussi de sculptures. A droite, c'est le début de la vie du Christ : l'Annonciation (restaurée), la Visitation, la Présentation au Temple et la Fuite en Égypte, où l'on voit les idoles précipitées de leur piédestal devant un sanctuaire agrémenté d'un clocher d'église limousine.

En regard, ce sont des histoires morales, et d'abord celle de Lazare.

Tandis que le mauvais riche et sa femme goûtent sans souci les plaisirs de la table, Lazare meurt à leur porte, assisté seulement des chiens qui lèchent ses plaies, et l'Ange descend recueillir l'âme de Lazare que nous voyons bientôt après dans le giron paternel d'Abraham. Mais le riche meurt à son tour, dans un lit élégant près duquel sa femme est agenouillée. Ce sont les diables qui s'emparent alors de son âme et de son trésor, et bientôt nous le voyons en enfer, torturé par les démons qui lui ont attaché sa bourse au col et le font cabrioler dans les flammes.

Au-dessous de ces scènes, apparaît la punition de l'Avarice et de la Luxure. L'usurier, la bourse au col, est tourmenté par des diables dont l'un, à l'instar du Loup-Garou, s'est mis à califourchon sur ses épaules. La femme sensuelle est punie, dans sa chair pécheresse, par les morsures cruelles de reptiles immondes.

Déjà éprise de vie et de réalité, la sculpture romane ne s'est cantonnée ni dans l'interprétation des modèles antiques et byzantins, ni dans le domaine mystique. Un curieux torse de Christ en croix provenant de la cathédrale de Cambrai (B. 44) montre une souplesse et une observation du modèle vivant tout à fait indéniables.

Les sujets réels sont traités au portail de Vézelay dans les Travaux des mois et aussi sur quelques chapiteaux de cette église : il en est un, fort curieux, qui montre le souffrage de la vigne au XIIe siècle (B. 291) au moyen de soufflets et d'entonnoirs dont le conduit se termine en un petit crible analogue aux pommes d'arrosoirs.

L'art religieux admettait l'alliance de quelques sujets profanes : le sculpteur Giraud, un moine sans doute, a décoré le portail de Saint-Ursin de Bourges d'une suite des fables d'Ésope (B. 33). On a

même été jusqu'à la caricature et il en est de hardies : au portail de
l'église d'Aulnay en Saintonge (B. 16) chaque claveau est orné d'une

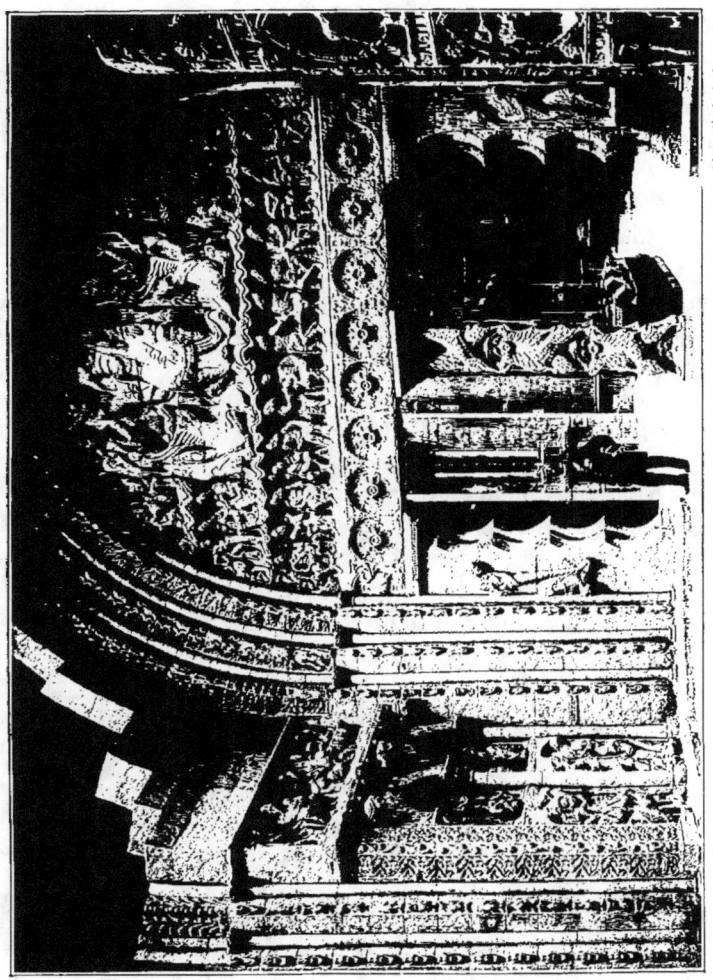

Fig. 48. — Porche de Moissac.

figurine : nous y voyons les vieillards de l'Apocalypse, multipliés
comme à Sainte-Marie de Saintes pour les besoins de l'architecture,
et au-dessus toutes sortes de drôleries : sirènes, diables bizarres,

animaux invraisemblables, et groupe d'un âne en habits sacerdotaux qui chante devant le livre ouvert que lui tient maître Renard son enfant de chœur.

Il serait superflu de chercher un sens à plusieurs des figurines de cette archivolte ; à plus forte raison au grouillement extraordinaire d'animaux fantastiques qui s'entremordent sur le pilastre qui formait le trumeau de l'ancien portail de Souillac (B. 237). Les faces latérales de ce pilastre représentent des lutteurs, bien dessinés et certainement observés sur le vif; quant aux animaux, ils sont d'inspiration orientale, mais interprétés avec beaucoup d'originalité et de liberté, et avec une verve incomparable.

Plus amusants encore sont les animaux réels ou fantastiques que le sculpteur a su animer et faire grimper avec un singulier entrain le long des montants du portail de Moissac.

Là aussi le trumeau, orné de lionnes entrecroisées en X, semble d'inspiration orientale, et peut-être la vue d'un fauteuil antique, tel que celui de Dagobert, a-t-elle inspiré le motif, mais sur les piédroits latéraux habite une faune sortie tout entière de l'observation et de l'imagination d'un animalier de talent : des chiens y poursuivent des lièvres ; des grimpereaux font l'ascension des pilastres, mais près de ces êtres réels, et tout aussi vraisemblables à première vue, sont des poissons à tête de canard ou de chien aboyant, et d'autres réjouissantes fantaisies. Un entrelacement de pieuvres stylisées forme un riche et original dessin sur deux montants.

Si l'art religieux admettait de tels assaisonnements, ce n'était pas que les demeures civiles fussent dépourvues d'ornements, mais il n'y avait point encore antagonisme entre le peuple et le clergé, la foi était sincère, et le clerc sans défiance du laïque, chacun exprimait dans l'église comme dans la maison privée ses rêves pieux ou profanes.

L'art civil est rare parce qu'il est plus sujet à la mode, et que ses monuments ont été presque tous renouvelés, mais nous pouvons voir au musée (B. 219) un exemple de décoration de maison du xiie siècle. La maison appartenait à l'Hôtel-Dieu de Reims ; le motif est un tympan (fig. 19) refendu en deux autres plus petits, et qui devait surmonter une fenêtre à colonnette centrale. Dans d'élégants rinceaux de feuillages stylisés, sont très habilement encadrés trois sujets : *la Science*, scène d'enseignement, *la Force*, étouffant d'une main ferme un dragon furieux, et *l'Amour*, groupe souriant et gracieux de deux jeunes gens.

Dans cet art déjà sincère et observateur du xiie siècle, beaucoup de renseignements peuvent être recueillis sur la civilisation déjà très élégante de l'époque. Le costume et le mobilier y sont représentés

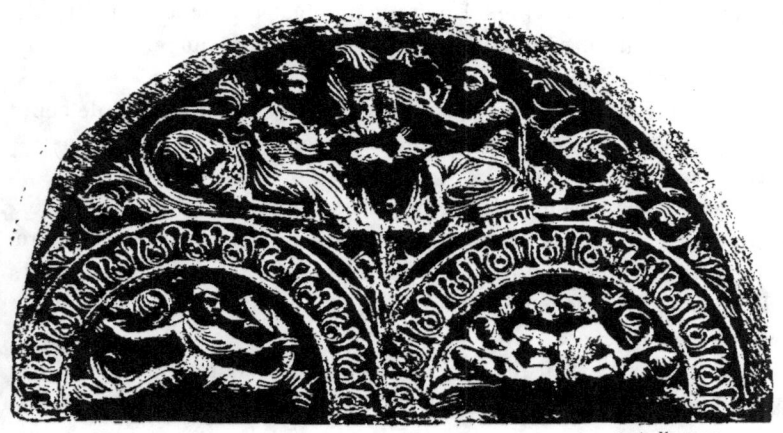

Fig. 19. — Tympan d'une maison romane détruite à Reims.

avec soin et exactitude. Aux portails de Chartres et de Corbeil, les personnages volontairement disproportionnés sont cependant d'une grande exactitude dans leur costume comme dans leurs figures.

Ce costume de la seconde moitié du xiie siècle était bien fait pour vêtir des cariatides : il tombait jusqu'à la cheville des hommes et sur les pieds des femmes. Cette mode des vêtements longs est encore une importation d'Orient. Les hommes comme les femmes portaient le *chainse* ou chemise de lin ajustée, brodée à l'encolure et aux poignets, et par-dessus, le *bliaud*, de laine ou de soie, à l'encolure dégagée, aux manches largement évasées à partir du coude, et formant pour les femmes un pan qui tombait jusqu'aux chevilles. Le bliaud formait à partir des hanches une jupe plissée ; au-dessus, il était ajusté et moulait le torse ; les femmes portaient sur leur bliaud un peliçon doublé de fourrure ou un *gipon* d'étoffe gaufrée moulant et soutenant le torse, et qui se laçait sur les côtés.

Tandis que les hommes serraient leur bliaud par un ceinturon caché sous un repli de ce vêtement, les femmes avaient pour ceinture un très long cordon qui entourait la taille, se croisait sur les reins, puis revenait par devant en suivant l'intersection des jambes et du torse, se nouait et laissait tomber ses deux extrémités jusqu'un peu au-dessus des chevilles. Un grand manteau s'attachait sur l'épaule droite. La chaussure était une sorte de pantoufle découverte et souple pointue sans exagération.

La bijouterie consistait en agrafes de manteaux, boucles de ceintures, anneaux et couronnes; elle était rehaussée de cabochons de pierreries.

Les hommes portaient la barbe et laissaient tomber leurs cheveux jusqu'aux épaules ; les femmes divisaient les leurs par une raie au sommet du crâne et en faisaient deux tresses aussi longues que possible, qu'elles entremêlaient volontiers de rubans et allongeaient au besoin de postiches.

Le mobilier n'est ni moins élégant ni moins clairement figuré. Au portail de Moissac, le trône de la Vierge et le lit de mort du mauvais riche montrent des travaux de bois tourné tels qu'on en conserve dans les musées de Stockholm et de Copenhague et analogues à ceux qui se font encore en Bretagne et en Turquie.

IV

L'ART GOTHIQUE DE LA FIN DU XIIe
A LA FIN DU XIVe SIÈCLE

La sculpture comme l'architecture avaient réalisé dans le troisième quart du XIIe siècle une telle perfection qu'elles pouvaient désormais se passer des modèles antiques et byzantins. Rejetant ces intermédiaires, le maître d'œuvres ne consulta plus que sa science et son goût, et l'imagier, sûr désormais de sa main et de son outil, s'inspira directement de la nature. Cette résolution nous a donné le style gothique.

La statuaire des premiers temps gothiques garde encore la raideur, les draperies collantes, les petit plis de la statuaire romane. Au portail de transition de Senlis (B. 230-234, fig. 17), aux portails

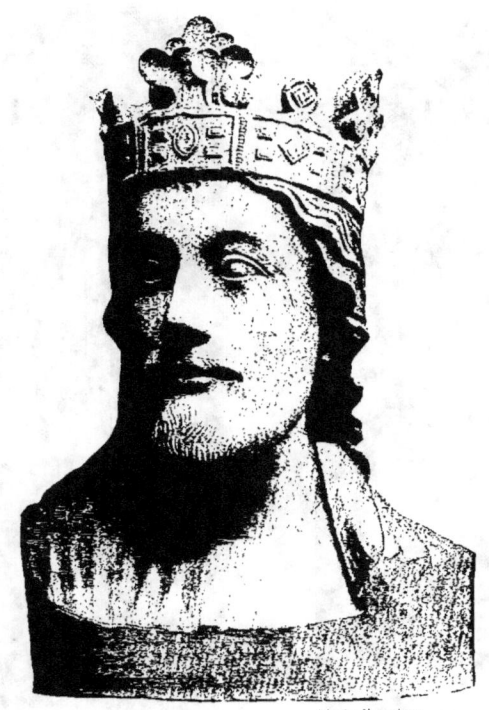

Fig. 20. — Tête du Christ de Majesté. Portail de la Vierge à N.-D. de Paris.

gothiques de Laon (C. 72, 76 à 82), aux consoles du chœur de Saint-Rémi de Reims (B. 216), dans la Vierge de bois de Gassicourt (B. 121) et le saint Etienne de Sens (C. 110), nous la voyons se dégager progressivement de ces partis pris. Jusqu'au milieu du xiiie siècle, elle conservera une certaine stylisation, qui consiste à choisir les types les plus nobles, et à en synthétiser les traits (fig. 20) en des formes savamment simplifiées. C'est le procédé de la belle époque grecque renouvelé d'après nature et d'après des modèles de race française. Rien n'est plus beau dans ce style que le tympan de la Vierge à la façade de Notre-Dame de Paris (C. 108 à 115, fig. 20), le Beau Dieu

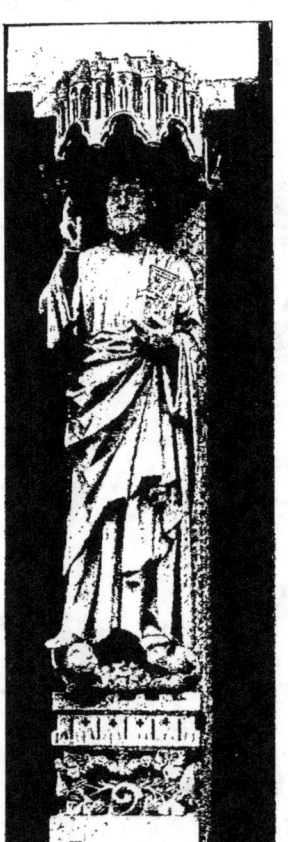

Photo Neurdein.
Fig. 21. — Le Beau Dieu d'Amiens.

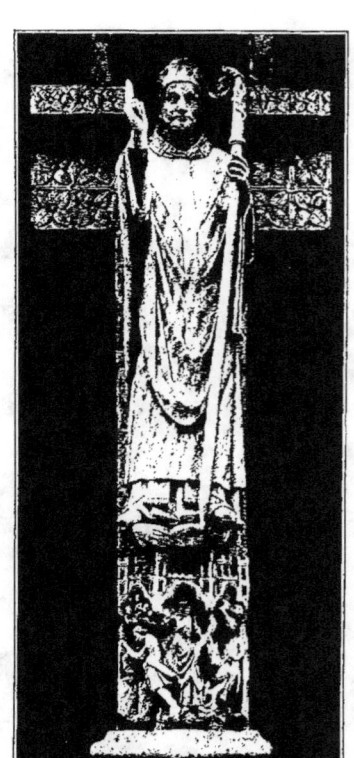

Photo Neurdein.
Fig. 22. — Saint Firmin. Grand portail de la cathédrale d'Amiens.

(C. 12, fig. 21) et le saint Firmin (C. 3, fig. 22) des grands portails d'Amiens, la Nativité et les Mages de l'ancien jubé de Chartres (C. 56 à 70, fig. 23), les magnifiques tombes de bronze coulé (C. et fig. 24) des évêques qui firent élever la cathédrale d'Amiens.

Vers le milieu du XIIIe siècle, le type de la statuaire (fig. 25 à 28), sans cesser d'être noble, prend une distinction plus voisine de la joliesse que de la beauté ; l'expression devient plus familière ; la recherche du détail commence, la souplesse va parfois jusqu'à un léger maniérisme. Ces tendances ne sont pas encore des défauts dans le portail Saint-Etienne de Notre-Dame de Paris (D. 75 à 79, fig. 25, 40) construit en 1257 sous la direction de Jean de Chelles, mais elle s'accentueront vers la fin du règne de saint Louis, comme le montrent le portail de la Vierge Dorée d'Amiens (fig. 47)

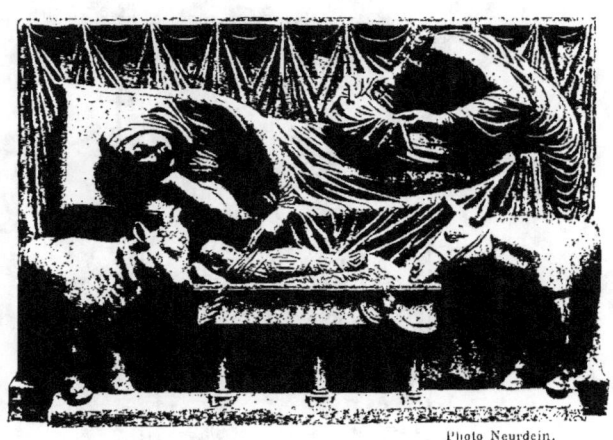

Photo Neurdein.
Fig. 23. — La Nativité. Ancien jubé de la cathédrale de Chartres.

et certaines figures du grand portail de Reims (D. 108, 109, 142, fig. 48).

Tout à la fin du xiiie siècle, le Jugement dernier (fig. 44) et certains écoinçons du portail de Bourges montrent ces tendances d'une façon si discrète et si heureuse qu'on ne peut les qualifier de défauts. L'exagération est plus fréquente au xive siècle, où l'artiste veut être à la fois distingué et expressif. La recherche, le besoin de faire joli, et surtout une certaine convention diminuent l'intérêt de ces œuvres qui manquent toujours d'imprévu et parfois de sincérité, mais qui sont infiniment gracieuses, comme les quatre princesses donatrices de la chapelle de Navarre (D. 69 à 72, fig. 29) à Mantes, et dans la délicieuse Notre-Dame-du-Marthuret (fig. 34) de Riom, mère d'un des plus séduisants enfants qu'on ait sculptés. Le parti pris s'affirme davantage dans les statues des Vierges Sages et des Vierges Folles (1. 25 à 32, fig. 46) de Strasbourg, belles et captivantes cependant par l'étude savante des formes sous les plis du vêtement.

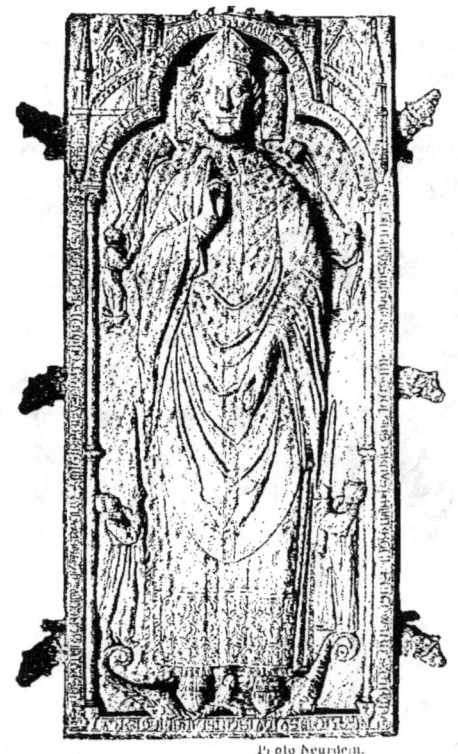

Fig. 24. — Tombe d'Évrard de Fouilloy à Amiens.

A ce style appartiennent encore le portail (fig. 53) de la cathédrale de Bordeaux, plus froid et plus conventionnel, mais où des statues ont été refaites au xvi° et au xvii° siècle (D. 30) et une série de petites Vierges (fig. 30) toutes fort jolies réunies dans la salle C (côté de Paris).

La vérité d'expression et une distinction exquise apparaissent dans les petites têtes du portail sud d'Auxerre (D. 13) et dans trois autres charmantes têtes sculptées en bois dans les halles d'Ypres (1. 50 à 53, fig. 31). Celles-ci montrent que la Flandre suivait encore dans la première moitié du xiv° siècle le style français.

Les portails latéraux de la cathédrale de Rouen (D. 146) et le grand portail de Lyon (D. 63 à 68, fig. 32) contiennent une nombreuse série de petits bas-reliefs illustrant des scènes bibliques; à

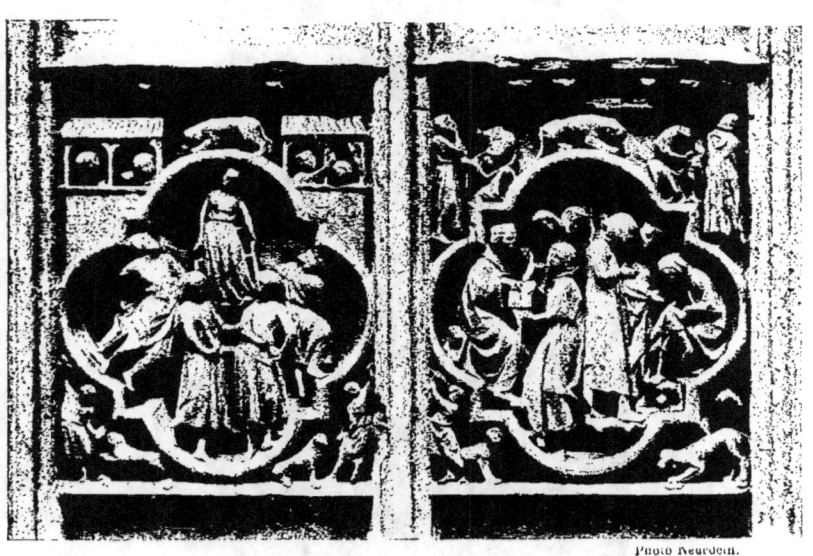

Fig. 25. — Bas-reliefs figurant la Justice et les écoles du chapitre de Paris. Portail Saint-Étienne à Notre-Dame.

Lyon et au portail de la Calende de Rouen, tandis que le portail des Libraires de Rouen mêle aux récits de la genèse une débauche de figures fantastiques et bouffonnes où se confondent toutes les grâces féminines, toutes les réminiscences antiques, toute la gamme du grotesque et toutes les fantaisies d'une imagination débridée.

Une série de ces bas-reliefs rapprochés de quelques-uns de ceux de Lyon consacrés surtout à l'illustration de la Bible et remarquables par une admirable entente de la composition montrent que le même style et les mêmes formules s'étendaient à toute la France; et si l'on compare ce même portail de Lyon à celui de la chapelle haute du consistoire d'Avignon, on trouvera l'identité absolue d'un certain nombre de panneaux.

Les bas-reliefs du grand portail d'Auxerre (D. 5 à 19, fig. 33) de composition analogue, montrent à la fois une grande noblesse de

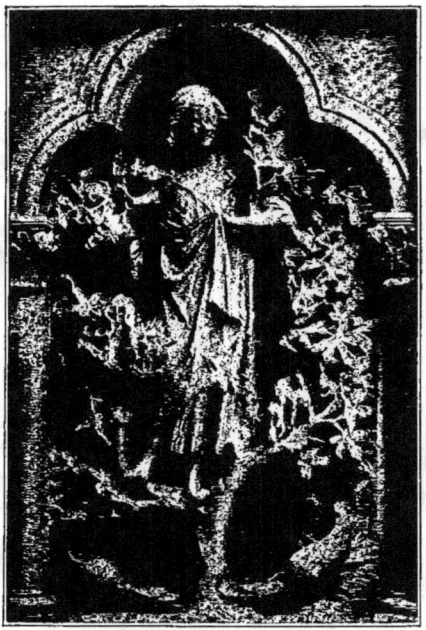

Photo. C. Enlart.

Fig. 26. — La légende de Barlaam. Détail du tombeau d'Adelaïs, comtesse de Joigny.

style, spécialement dans les scènes de la Création du Monde, une science parfaite du nu dans l'histoire d'Adam, l'observation de la vie réelle dans les histoires de Caïn, de Joseph, de David, de l'Enfant Prodigue et, parmi ces scènes prises sur le vif, des copies excellentes de modèles antiques.

Dans l'ornementation, l'artiste gothique a sans doute étudié la colonne antique, le chapiteau corinthien et les rinceaux d'acanthe, car il en reproduit les proportions, la composition, la forme générale, comme le montre, au début du xiiie siècle, le beau portail Saint-Jean de la cathédrale de Rouen (aile de Passy) mais si le chapiteau corinthien est une merveille, il existe dans l'art du xiiie siècle presque autant de chefs-d'œuvre que de chapiteaux, car ils sont variés à l'infini (fig. 36, 37, 39) sans être presque jamais inférieurs au type classique dont ils s'inspirent librement.

L'idée de se condamner à ne reproduire qu'un seul feuillage ne pouvait être comprise d'un artiste d'alors, non plus que

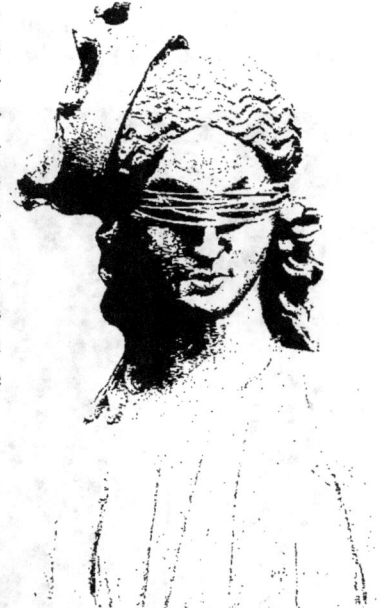

Photo Neurdein.
Fig. 27. — Cathédrale de Reims.
Figure allégorique de la synagogue.

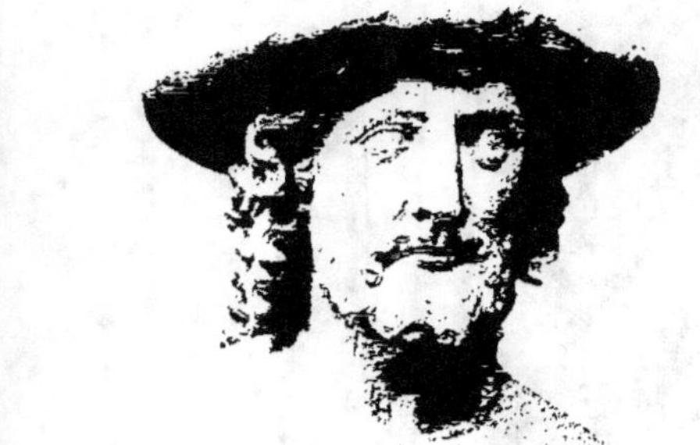

celle de copier le modèle antique quand il pouvait puiser directement à la source même qui avait fécondé l'art antique, la Nature. Chaque sculpteur a regardé avec amour la flore qu'il avait sous les yeux, et l'a adaptée (fig. 34) avec un goût et un à-propos charmants aux formes qu'il avait à décorer. Au début, la stylisation est plus complète (fig. 35, 36); les formes sont plus simplifiées, comme dans

Photo Neurdein.
Fig. 28. — Musée de Beauvais.
Buste de saint Jacques.

les rinceaux (fig. 35) et corniches de Notre-Dame de Paris et de Notre-Dame de Laon, où les chapiteaux (fig. 36) nous montrent l'art nouveau se dégageant des formules romanes (salle de l'Ornement).

Au milieu du XIIIe siècle, l'imitation devient plus naturaliste (fig. 38),

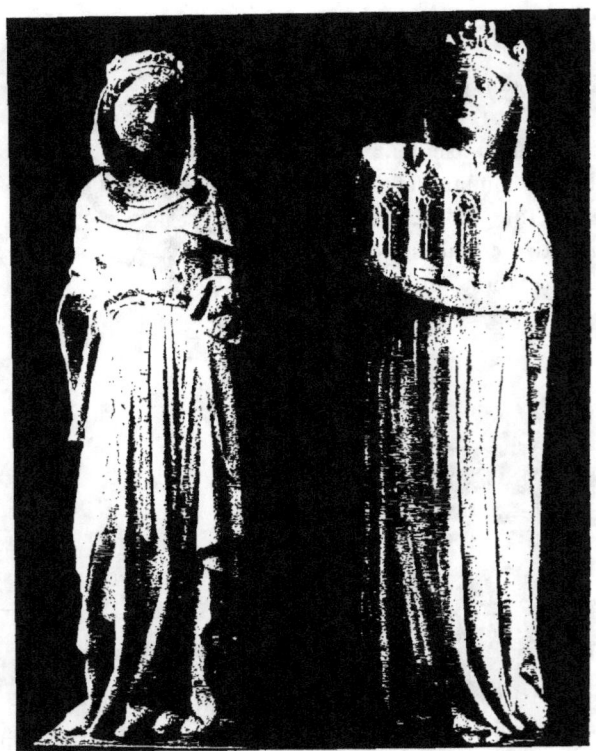

Photo Neurdein.

Fig. 29. — Église collégiale de Mantes. Chapelle de Navarre.
Statuettes des princesses donatrices, XIVe siècle.

sans perdre son expression décorative : témoin les beaux chapiteaux de la cathédrale de Nevers (C. *101*) et de celles d'Amiens (C. *9*) ou de Reims (C. *202*, fig. 37) dans la salle de l'Ornement ; de celle de Toul (D. **171**) les feuillages du portail nord de Saint-Denis (D. **157**), élevé vers 1240 sous la direction de Pierre de Montereau.

Mais le naturalisme s'accentue si bien qu'à la fin du xiiie siècle, les feuillages sont étudiés et rendus dans leur allure et dans leurs détails comme des figures de botanique : un chapiteau de la cathédrale de Reims (C. *202 bis*, fig. 39); des panneaux du revers de sa façade (D. 142 à 145 *bis*, fig. 38); des détails de Saint-Urbain de Troyes (D. **178** à **188**) montrent cette manière. Ces ornements sont exquis à voir de près; à Reims ils produisent aussi leur effet à distance, mais trop souvent dans d'autres modèles l'effet d'ensemble a pâti du souci que l'artiste a pris du détail.

Au xive siècle, il s'écartera à nouveau de cette imitation servile, mais à l'inverse de ses prédécesseurs du xiiie siècle, ce ne sera plus pour simplifier, ni par souci de l'effet d'ensemble. La flore comme la figure sont atteintes alors de maniérisme, les feuillages sont ondulés et massés en petits bouquets suivant une mode conventionnelle et quelque peu fastidieuse. Le chapiteau, très élégant dans la sveltesse de sa haute corbeille garnie de deux rangs de touffes de feuillage chiffonné, n'a plus d'énergie, d'imprévu ni de variété (D. *62, 63.*)

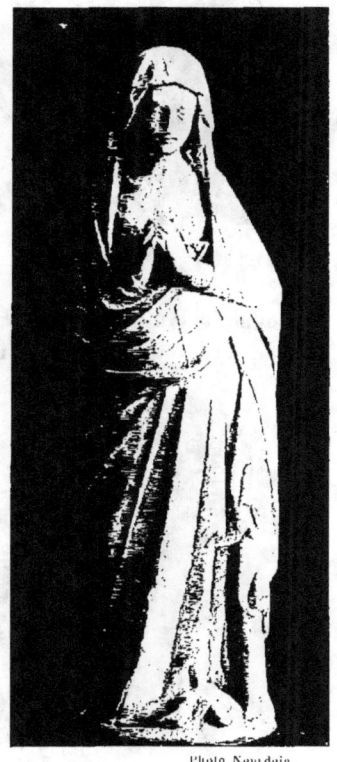

Fig. 30. — Vierge de calvaire. xive siècle. Collection C. E.

Les portails des grandes églises sont l'apothéose de la sculpture gothique. Dans ces somptueuses arches triomphales, la statuaire, inspirée de quelques textes très connus et généralement d'une grande portée, s'harmonise admirablement avec son cadre architectural. Dans l'architecture religieuse, où les pleins sont généralement réduits au minimum, il n'est guère que les portails qui présentent à la statuaire un champ de quelque étendue. Dans ces portails se

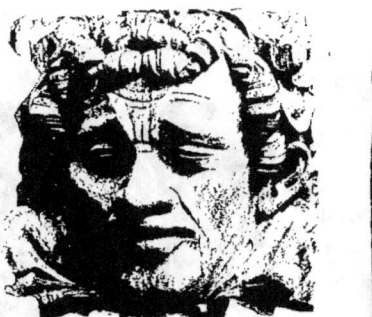
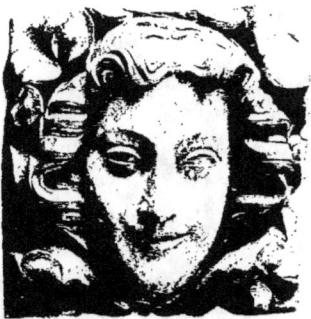

Fig. 31. — Halles échevinales d'Ypres. Têtes en bois sculpté, XIVᵉ siècle.

développe le système iconographique déjà adopté au XIIᵉ siècle. Mais le dessin et la composition épurée, ennoblie et vivifiée par l'observa-

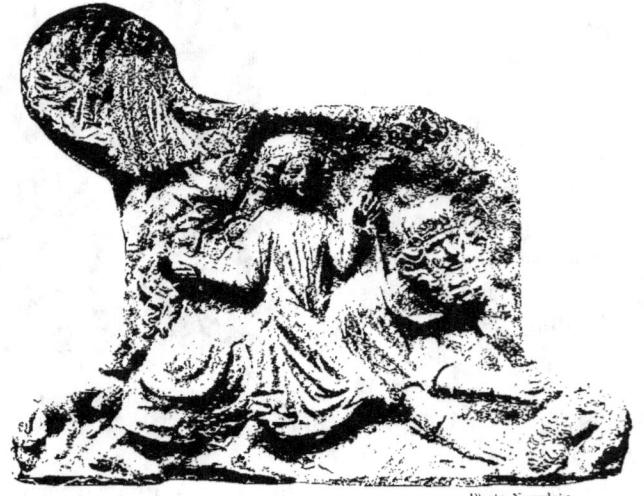

Fig. 32. — Le Lai d'Aristote. Détail du portail de la cathédrale de Lyon.

tion pénétrante de la nature. Le linteau se revêt d'une frise en bas-relief; le tympan s'orne de sujets souvent disposés en plusieurs registres superposés; les voussures qui l'encadrent portent sur

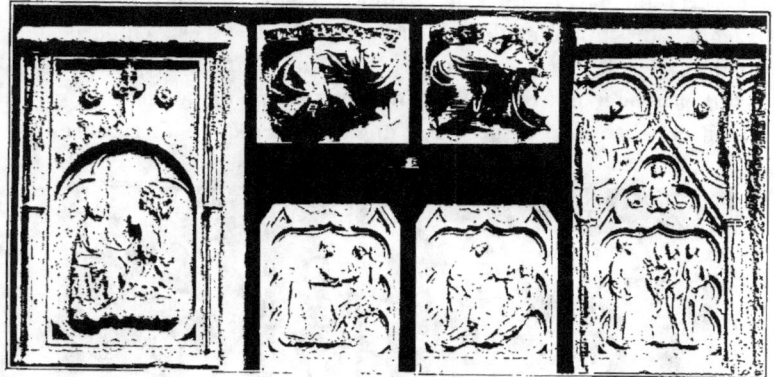

Fig. 33. — Cathédrale d'Auxerre. Consoles du transept et bas-reliefs du grand portail : la Création, xiv° siècle.

chaque claveau un motif sculpté, et aux colonnettes des piédroits s'adossent des statues; les dais qui les abritent et les consoles qui

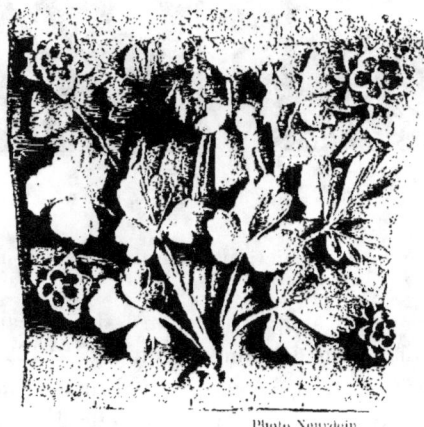

Fig. 34. — Cathédrale de Chartres. Fraisier stylisé, panneau du porche sud, milieu du xiii° siècle.

les portent se sont développés, et les personnages eux-mêmes ont pris des proportions vraies (fig. 21, 22).

L'architecture gothique a aidé à la magnificence de cet ensemble sculptural en élargissant son champ, car elle a pourvu les façades de contreforts très saillants, et le décorateur s'est emparé des tranches latérales de ces contreforts pour les réunir aux piédroits du portail et bander entre eux des voussures supplémentaires.

Tout cet ensemble se décore d'une statuaire qui suit rigoureuse-

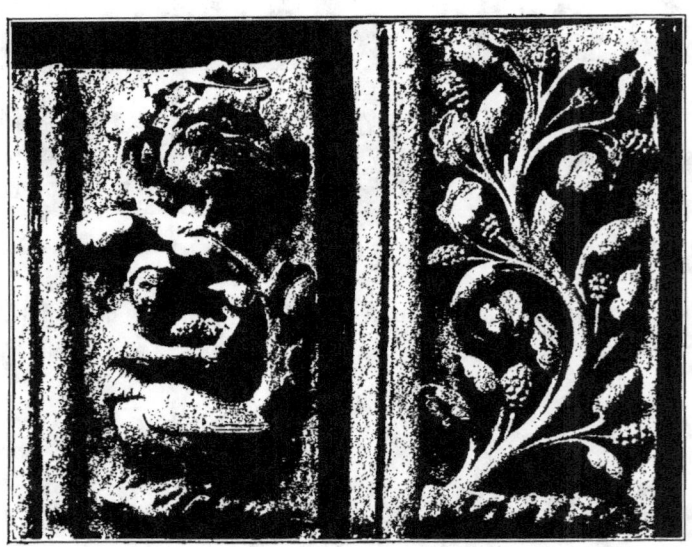

Photo Neurdein.

Fig. 35. — Rinceaux de la première moitié du xiiie siècle. Façade de Notre-Dame de Paris.

ment les lignes de la construction, et qui concourt à l'expression d'un même sujet.

A l'étroit trumeau qui soutient le centre du linteau d'un grand portail, s'adossera la statue du saint patron (fig. 21, 22) à qui le portail est dédié : le Christ, la Vierge, saint Étienne ; aux montants, d'autres statues, souvent en rapport avec celle du centre : si c'est le Christ, on y trouvera les apôtres; si c'est la Vierge, on y verra la Visitation et la Présentation au Temple comme à Reims (fig. 45), ou bien les rois de Juda ses ancêtres; si c'est un saint, d'autres saints dont l'église possède des reliques.

Le tympan représentera l'histoire du saint (fig. 40) et si le portail est dédié au Christ, il figurera le plus souvent le Jugement dernier (fig. 41). Comme les piédroits, les voussures portent des sujets souvent en rapport avec celui du tympan : autour du Jugement dernier, on y verra des anges sonnant de la trompette, ou entourant le trône du Juge suprême; pour encadrer le trépas et le couronnement de

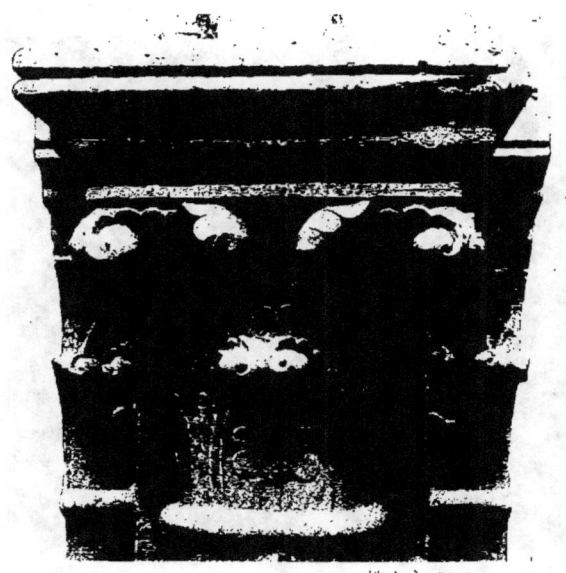

Fig. 36. — Chapiteau de la fin du xiie siècle. Cathédrale de Laon.

la Vierge, on y sculptera par exemple, soit sa vie, soit les Prophètes, ou encore les Vierges sages.

Déjà les imagiers romans que nous avons vus à l'œuvre à Mozac, à Notre-Dame-du-Port de Clermont, à Autun, à Moissac, savaient sculpter un récit d'une sincérité attachante ; les maîtres gothiques ont ajouté à leurs qualités la science du dessin, une éducation et un tact supérieurs. Leur sincérité n'est plus de la naïveté, mais une volonté de représenter le sujet exactement, et surtout d'une façon claire et touchante.

Jetons un coup d'œil sur les tympans consacrés à la Vierge, à saint Étienne (fig. 40), au Jugement dernier à Paris et à Bourges (fig. 41).

Exécuté vers 1230, le tympan de la Vierge à Notre-Dame de Paris (C. 115) est une œuvre simple et belle à l'égal de celles de Phidias. Sa donnée est limpide : sur un registre inférieur sont assis de majestueux vieillards : couronnés et le sceptre en main, les rois de

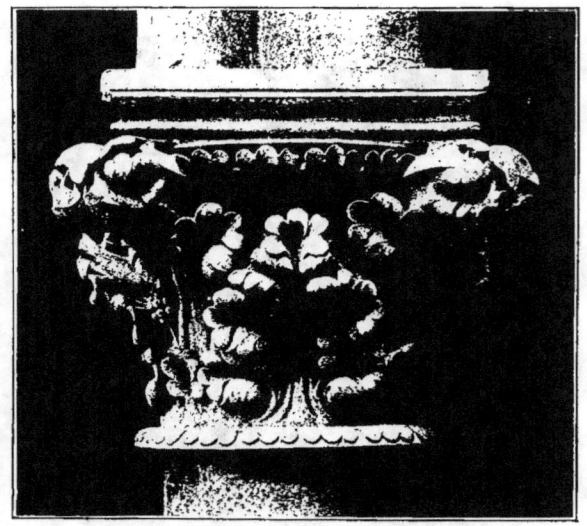

Photo Neurdein.

Fig. 37. — Chapiteau de la seconde moitié du xiiie siècle.
Cathédrale de Reims.

Juda ses ancêtres ; et, déroulant un long parchemin, les Prophètes qui l'ont annoncée. Au-dessus d'eux, au centre du tympan, la mort de Marie est figurée selon la Légende dorée et selon la tradition de l'iconographie byzantine. Miraculeusement, son Fils ressuscité et les douze Apôtres se sont trouvés réunis autour de son tombeau, et le Christ, debout au centre du tableau, bénit le corps que deux anges enlèvent respectueusement du sarcophage en le soulevant, aux pieds et à la tête, par les extrémités du suaire.

Dans le tableau supérieur, dont la composition s'adapte adroitement à la surface triangulaire, la Vierge ressuscitée est au ciel, où les anges l'ont conduite; son Fils l'a fait asseoir à sa droite, sur un

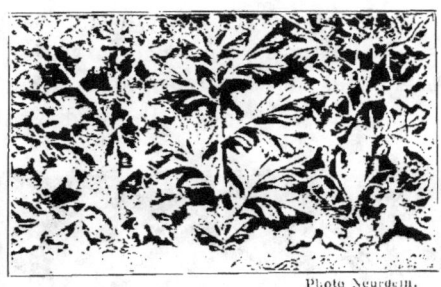

Fig. 38. — Panneau décoratif, vers 1260. Revers de la façade de la cathédrale de Reims.

trône en forme de banc; d'une main il la bénit, et de l'autre il lui pose sur la tête une couronne qu'elle reçoit les yeux baissés et les

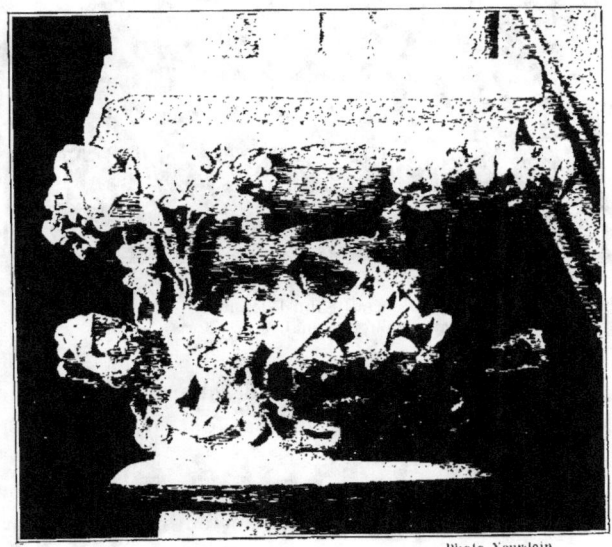

Fig. 39. — Chapiteau de la cathédrale de Reims.

mains jointes. Deux anges tenant des flambeaux mettent un genou en terre et encadrent cette scène d'une imposante solennité. La figure du Christ (fig. 20) est d'une pureté de forme incomparable et d'une majesté sublime, que l'art sculptural n'a jamais dépassées.

Un quart de siècle plus tard, commencé en 1257, le portail de la même cathédrale, qui eut pour maître d'œuvres Jean de Chelles, est dédié à saint Étienne et son tympan (D. 75, fig. 40) présente un

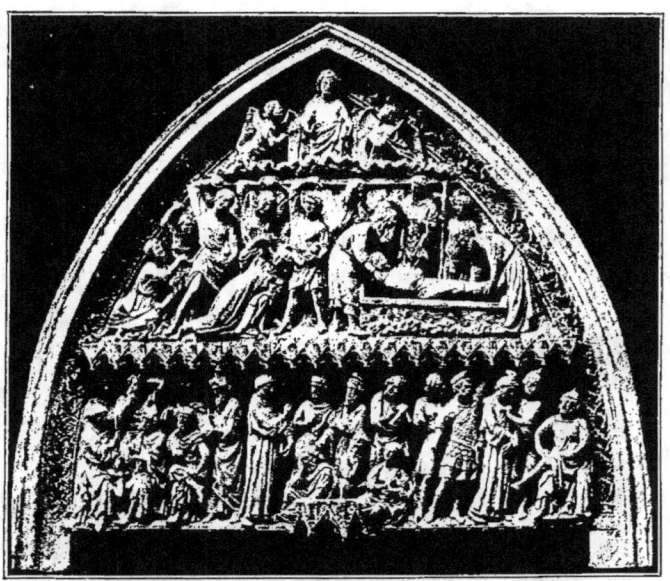

Fig. 40. — Tympan du portail Saint-Étienne à N-D. de Paris (1257). (Jean de Chelles, maître de l'œuvre.)

caractère tout différent : de moins grande allure, il n'a pas moins de charme et conserve beaucoup de noblesse tout en intéressant par des détails pris sur le vif et déjà familiers.

L'histoire commence au bas du linteau ; saint Étienne, dans son costume de diacre, est assis parmi des docteurs juifs contre lesquels il argumente ; l'un d'eux, se prenant les cheveux, fait un geste de désespoir, un autre discute avec le saint, et tous deux expriment à merveille qu'ils se livrent à une argumentation serrée.

Au tableau central, le saint prêche, écouté d'un public attentif et varié ; une femme assise à terre écoute en allaitant son enfant : un homme prend des notes sur des tablettes de cire ; l'un écoute ; deux autres méditent ; un dernier semble prêt à répliquer.

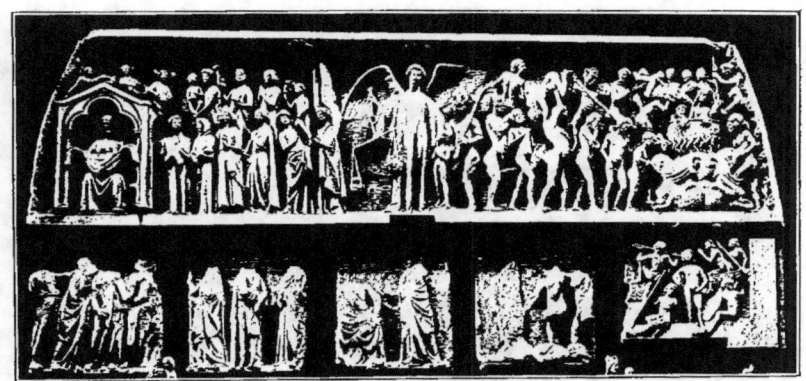

Fig. 41. — Détail du tympan du Jugement dernier à la cathédrale de Bourges.

La troisième scène nous montre le saint amené devant le juge par un garde et deux accusateurs. Ce juge est un prévôt du XIIIe siècle,

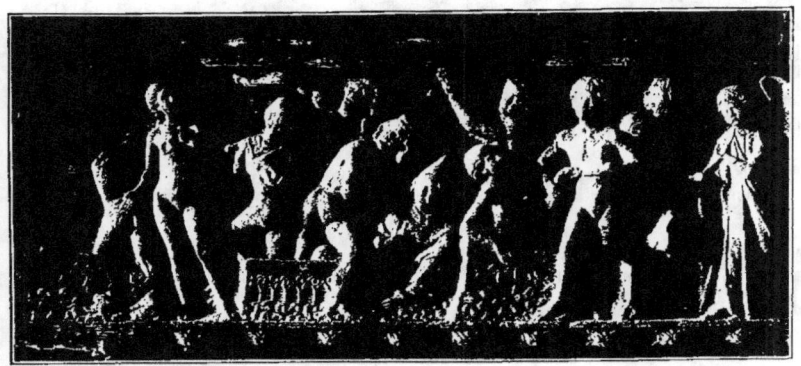

Fig. 42. — Détail de la Résurrection des Morts au portail de Rampillon.

croisant les jambes en signe d'autorité, mais il a, comme les accusateurs, contradicteurs et auditeurs de saint Étienne, ce bonnet pointu dont la police du moyen âge imposait le port aux Juifs dans nos contrées. Quant au garde, il a le costume romain et le type nègre, ce qui localise la scène au temps des Romains et en Orient ; chaque trait concourt, on le voit, à préciser le récit.

Le registre supérieur comprend deux scènes ; la lapidation, où l'on remarque saint Paul gardant les vêtements des bourreaux et les encourageant, et l'ensevelissement, pratiqué avec tous les rites du catholicisme. La pointe du tympan est occupée par le Christ entre deux anges, sortant des nuées pour apparaître au supplicié qui lève vers lui ses regards.

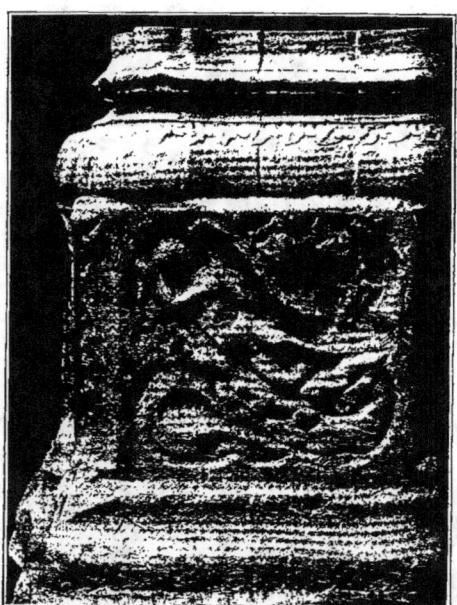

Photo C. Enlart.
Fig. 43. — Copie d'un bas-relief antique au soubassement du grand portail de la cathédrale d'Auxerre, xiiie siècle.

Plus populaire que jamais, la grande scène du *Jugement dernier* orne les tympans de nombre de grands portails, comme à Paris, à Bourges (D. 31, fig. 44), à Rampillon (D. 98, fig. 42), à Saint-Urbain de Troyes (D. 178). Ici comme ailleurs, le vieux thème traditionnel est à la fois épuré et vivifié par l'étude et le sentiment de la nature.

Le Christ trône toujours au sommet de la composition, mais le Juge suprême de l'humanité n'est plus le Dieu de majesté en costume de roi ; c'est le ressuscité à demi nu, drapé dans son suaire et montrant les plaies qui lui ont acquis le droit de faire grâce aux hommes. Autour de lui, on ne voit plus la froide allégorie des quatre animaux, mais un cortège d'anges portant comme des trophées les instruments glorifiés de son supplice ; tandis que sa mère et le disciple bien-aimé qui l'assistèrent jusqu'à l'instant suprême s'agenouillent à ses pieds, intercédant pour les pécheurs.

Sur le linteau, la scène de la Résurrection des morts (fig. 41, 42) n'est transformée que par la science et le goût qu'apportent les artistes dans l'étude du nu et de l'expression; dans la recherche des attitudes variées, gracieuses et vraies.

Cette scène et ce goût transforment encore davantage le registre central du tableau : la scène du Jugement (D. 31).

Au centre, saint Michel, debout, ailes éployées, tient de la main

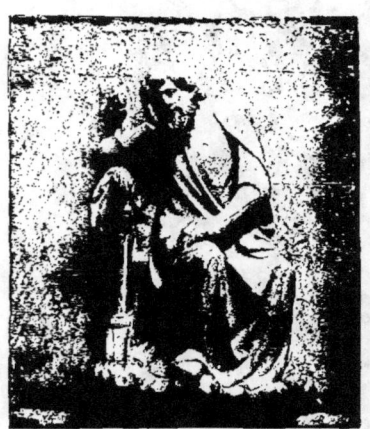 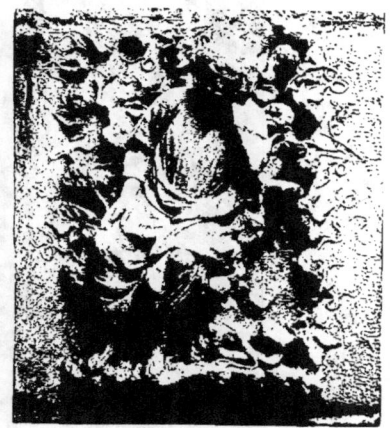

Photo Neurdein.

Fig. 44. — Figurines des montants du grand portail de la cathédrale de Reims, vers 1260.

droite sa balance tandis que la gauche entoure d'un geste protecteur la tête d'un enfant nu qui l'implore, et sur qui un diable à tête de satyre jette un regard de convoitise. Dans la balance, le calice qui symbolise la foi, pèse plus lourd que les péchés figurés par une tête de diablotin et un crapaud.

A la droite de saint Michel et du Christ, deux anges protecteurs ont pris dans leurs bras des enfants, dont l'un tient un bouquet, et ils convoient les élus vers le Paradis dont saint Pierre ouvre la porte. Trois autres anges font la chaîne en se passant des couronnes, qu'ils posent sur la tête des arrivants. On voit parmi les élus des gens de toutes conditions, un cordelier, un prince couronné, une dame et d'autres figures sans insignes. Leurs visages souriants expriment une joie profonde, mais la représentation de la béatitude éternelle est tout à fait insuffisante : c'est souvent le point faible de ces représentations. Suivant la tradition que nous trouvons déjà à Moissac

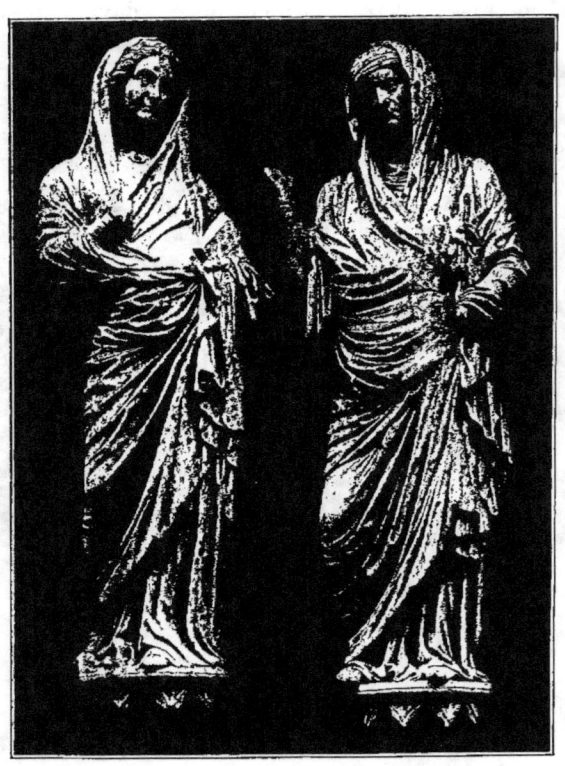

Fig. 45. — La Visitation, groupe du grand portail de Reims, vers 1260.

(B. 151) et que nous trouverons encore à Saint-Urbain de Troyes (D 178) l'artiste a pris à la lettre l'expression « reposer dans le sein d'Abraham » et a figuré le patriarche assis, relevant des deux mains sur ses genoux un pan de vêtement dans lequel sont rassemblés des figurines qui sont les âmes bienheureuses. A Saint-Urbain, du moins ont-elles près de là un jardin fleuri de roses, où les anges jouent de l'orgue pour accompagner le chant des oiseaux. A Léon, en Espagne, les jardins et les concerts du Paradis ont pris plus de développement, peut-être sous l'influence de l'Islam.

A Bourges (D. 31, fig. 41) le côté de l'Enfer est traité avec une verve singulière et c'est là surtout que le sculpteur a déployé sa science et sa fantaisie. Le tableau s'inspire de la mise en scène des *Mystères*. A l'extrémité, une sorte de tête de lion fantastique ouvre ses mâchoires qui laissent échapper des flammes. Sur ces flammes, attisées par deux démons armés de soufflets, bout un grand chaudron, où les diables précipitent les damnés qu'ils chassent devant eux à coups de fourches. Des reptiles les secondent dans leur œuvre de tortionnaires ; plus nombreux que les élus, les damnés sont nus ; un roi garde cependant sa couronne et un évêque sa mitre, pour montrer que les péchés des grands n'échappent point au châtiment. Les attitudes sont d'une vérité remarquable ; les détails sont ingénieux et l'artiste s'est surtout complu à donner aux diables des formes fantastiques ; ils ont des têtes d'une troublante bestialité, des visages sur le ventre et la poitrine, l'un possède une queue formée d'un serpent, cet autre a des ailes au bas des reins.

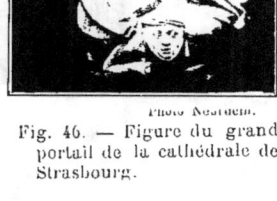

Fig. 46. — Figure du grand portail de la cathédrale de Strasbourg.

Ces figures et celles de la Résurrection, spécialement l'homme vu de dos, montrent que ceux qui surent traiter le nu au xiiie siècle eurent une science et une sincérité que la Renaissance n'a pas souvent égalées.

Les mêmes qualités se retrouvent à Rampillon (D. 98, fig. 42), et pour le sentiment, l'artiste s'y est montré très supérieur au sculpteur de Bourges. Sa jeune fille debout est d'une grâce exquise ; sa vieille femme qui se réveille en bâillant est d'une saisissante vérité ; sa composition est savamment balancée, mais chacun de ses deux panneaux contient une trouvaille d'exquise émotion : à droite, le

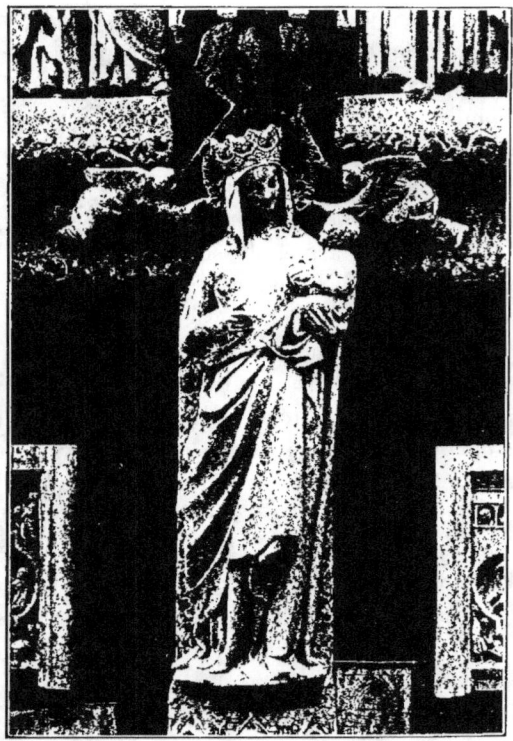

Photo Neurdein.
Fig. 47. — Cathédrale d'Amiens. La Vierge Dorée.

groupe du jeune homme qui aide la jeune femme à sortir du tombeau et lui pose la main sur son cœur pour lui montrer qu'il bat de nouveau, proclame l'amour plus fort que la mort ; à gauche, le geste maternel de l'ange qui apporte les âmes dans le sein d'Abraham ; l'expression affectueuse avec laquelle l'Ancêtre les accueille ; la tendresse confiante que lui témoignent les petits enfants contrastent avec la platitude de l'allégorie d'Abraham à Bourges et à Troyes.

Nous venons de voir le sculpteur du xiiie siècle en contact direct et fécond avec la nature. Il la comprend trop bien pour ne pas admirer ses prédécesseurs de l'antiquité, mais il traite avec eux d'égal à égal, et s'il lui plaît encore parfois de les imiter, il sait à

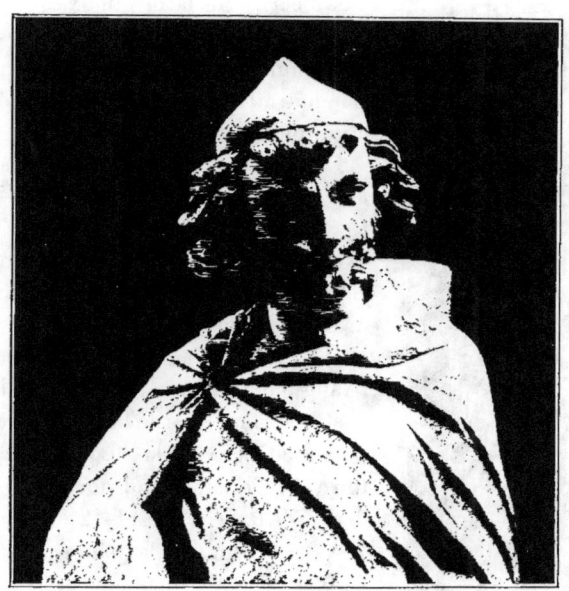

Fig. 48. — Grand portail de Reims. Saint Joseph.

son gré transposer habilement ou copier avec fidélité ; son imitation est rarement inférieure ; quelquefois supérieure au modèle.

Plus informés qu'on ne l'a cru longtemps, les sculpteurs du xiiie et du xive siècle, qui savaient où trouver le détail archéologique ou ethnographique propre à préciser leur sujet, aimèrent parfois aussi à l'ennoblir par l'adaptation d'une belle figure antique qui les avait séduits. Ce n'est pas le moindre amour de l'antique, c'est le plus de liberté et d'à-propos qui les distingue de leurs successeurs de la Renaissance, car toute la civilisation du moyen âge, de la plastique

72   LE MUSÉE DE SCULPTURE COMPARÉE DU TROCADÉRO

et de la littérature à l'administration et à la jurisprudence, témoigne d'une admiration constante pour l'antiquité et du souci de perpétuer ses traditions.

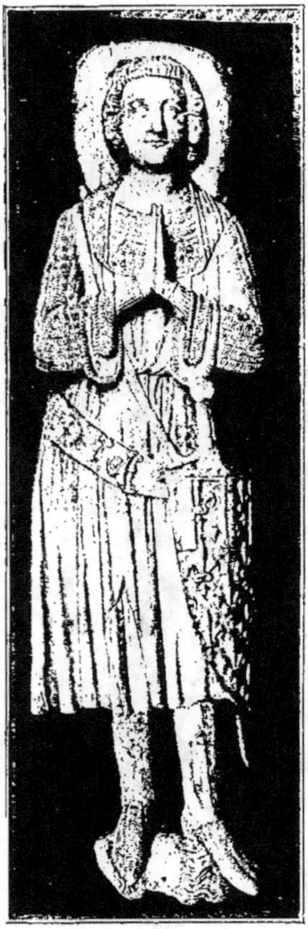

Vilard de Honnecourt, le seul maître d'œuvres du Moyen Age qui nous ait laissé quelques pages d'*Album*, ne se contentait pas d'écrire le latin mieux que ne le feraient plusieurs de ses confrères actuels, il dessinait les monuments antiques qu'il rencontrait, ici une figure, là l'architecture d'un tombeau.

Le soldat romain que nous avons vu arrêter saint Étienne à Notre-Dame de Paris (D. 75, fig. 40) n'est donc pas une exception ; le même costume antique est reproduit au revers de la façade de la cathédrale de Reims, vers 1300 environ (D. 142), et le guerrier a un bouclier rond, non triangulaire comme l'écu gothique. Le costume romain et le bouclier circulaire se voient encore vers la même date dans l'histoire d'Urie au grand portail de la cathédrale d'Auxerre (D. 11-12).

A la façade de la même cathédrale et dans celle de Rouen, au portail des Libraires, sont des bas-reliefs du Jugement de Salomon, qui n'ont pas été moulés, et où l'exécuteur des hautes œuvres porte le costume militaire romain. Il a, de plus, le type nègre, afin de montrer que la scène se passe en Orient.

Photo Neurdein.

Fig. 49. — Statue tombale de Robert d'Artois, par Jean Pépin de Huy.

Parfois, c'est la forme de la statuaire antique qui a séduit un imagier, et nous ne sommes pas peu surpris de voir dans les soubassements du grand portail d'Auxerre qui datent du xiiie et du commencement du xive siècle, trois copies tout à fait exactes de figures antiques : sur le socle d'un montant, l'Amour endormi ou Hypnos (D. 8, fig. 43), et, interrompant l'histoire de Joseph (D. 9), deux figures d'hommes nus : Hercule portant la dépouille du lion de Némée qui se retrouve à Rouen (D. 146), et un berger tenant des épis.

Ailleurs, des figures antiques à peine modifiées sont utilisées dans une histoire chrétienne où elles prennent un nouveau sens : au grand

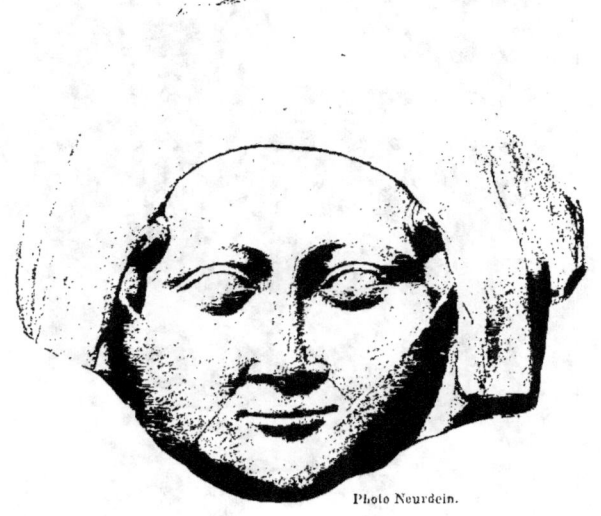

Fig. 50. — Tête de statue tombale du xive siècle. Musée d'Arras.

portail de Reims, Noé (fig. 44), assis au milieu d'un bouquet de vignes, semble inspiré d'un Bacchus ; au soubassement du grand portail d'Auxerre, à côté de l'histoire de Joseph interrompue par des réminiscences antiques, les histoires de l'Enfant prodigue et de Job (D. 7) sont composées d'imitations d'antique adaptées à des sujets nouveaux : la femme et les amis de Job, le père et la mère de l'Enfant prodigue, un guerrier à demi nu appuyé sur sa lance sont de style tout à fait romain et égaux ou supérieurs à leurs modèles, mais la plus exquise de ces imitations est certainement le groupe de danseurs et de musiciens qui égaie d'un *entremets* le banquet par lequel la famille de l'Enfant prodigue célèbre son retour. Entre toutes les imitations où le génie de l'imagier gothique sut retrouver la beauté grecque à travers son modèle romain, la plus admirable pourrait être le groupe de la Visitation du grand portail de Reims (C. 146, fig. 45). Savamment drapées dans leur robe et dans le

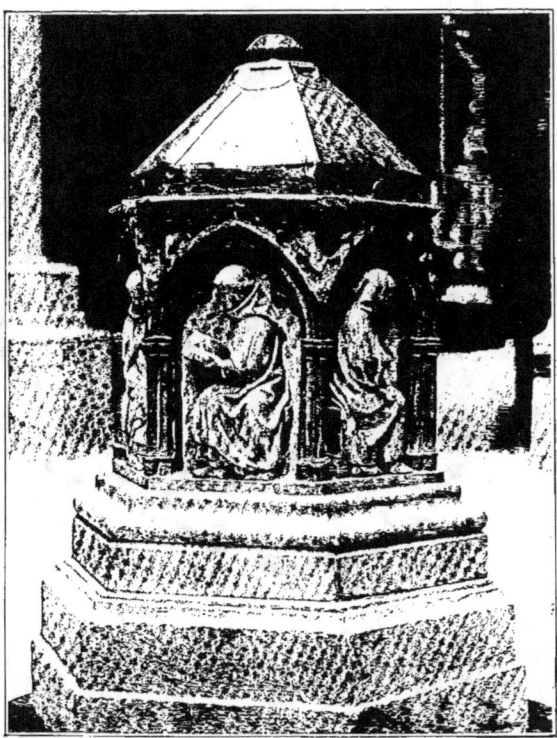

Photo Neurdein

Fig. 51. — Monument funéraire du cœur de Thibaut V de Champagne, à Provins.

manteau à plis nombreux, qui de la tête retombe sur les épaules, Marie et Élisabeth apparaissent sous les traits de prêtresses antiques telles que les statues conservées au Musée Britannique : l'analogie est tellement frappante, la disposition des draperies tellement identique qu'il est hors de doute que l'imagier de la fin du XIIIe siècle a trouvé dans la métropole romaine des statues antiques qu'il a copiées avec d'ingénieuses mais légères modifications pour en faire son groupe.

Le sentiment très juste du beau dans la nature et dans l'antique ; le goût de l'expression et de la variété plus développé que chez les

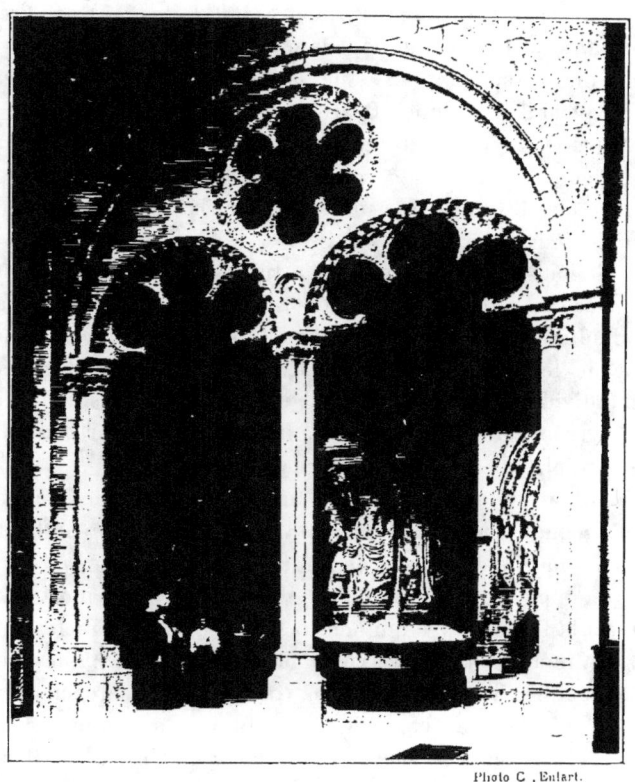

Fig. 52. — Arche du porche nord de la cathédrale de Bourges.

Anciens n'empêchent pas la sculpture gothique d'entrer au xiv° siècle dans une période de décadence. C'est qu'au beau on préfère alors le joli ; à l'aisance, l'afféterie, et la conception plastique tombe dans les mêmes erreurs que la littérature : sécheresse, convention, maniérisme, absence de sincérité et d'imprévu.

Ces défauts se soupçonnent déjà plus ou moins à la fin du xiii° siècle dans les exquises figures des Vertus et Vierges Folles (fig. 46) de Strasbourg (I. 25 à 31), au xiv° dans les quatre Princesses de Mantes (D. 69 à 72) et dans les nombreuses Vierges réunies dans la salle des xiii° et xiv° siècles de l'aile de Paris. Déjà vers la fin du xiii° siècle, la Vierge dorée d'Amiens (D. 11, fig. 47) est presque trop souriante et trop cambrée, et le maniérisme est incontestable dans le saint Joseph (fig. 48) et la sainte Anne pourtant admirables du grand portail de Reims (D. 108-109). Par contre, la toute gracieuse Notre-Dame du Marthuret de Riom (D. fig. 54) qui peut n'être pas antérieure au xv° siècle, mais qui garde la tradition du xiii°, sait encore être à la fois une mère très souriante, très gracieuse et très simplement vraie.

Nous n'avons que peu de noms d'artistes avant la seconde moitié du xiv° siècle, et si nous les avions, il serait malaisé de discerner leur individualité; de même, la physionomie uniforme et conventionnelle de leurs œuvres semble démontrer qu'ils ne dégageaient guère l'individualité de leurs modèles. Une réaction s'imposait, et nous la verrons bientôt s'effectuer. En attendant, l'art qui meurt d'étiolement produit encore de charmantes œuvres.

La tête d'une statue d'apôtre de l'ancienne chapelle de la confrérie de Saint-Jacques, rue Saint-Denis (D. 92) est une œuvre authentique et non sans mérite de Robert de Launoy.

La statue tombale du jeune Robert d'Artois (D. 161), mort en 1317 (fig. 49) est la seule œuvre qui nous soit restée du célèbre Jean Pépin de Huy, un imagier flamand fixé à Paris. Une tête de statue tombale de jeune femme, du Musée d'Arras (D. 3, fig. 50) audacieusement traitée de face en très bas relief pour utiliser une mince dalle de marbre, est une œuvre gracieuse et pleine d'habileté, malheureusement anonyme.

La tête (D. 157) de la statue tombale de Philippe III le Hardi, exécutée après 1298 par Jean d'Arras mort en 1307, et sous la direction de Jean de Chelles est, par exception, un portrait d'une individualité puissante, où se saisit pour la première fois peut-être, comme l'a remarqué M. Em. Bertaux, l'utilisation par l'imagier du moulage de la face du défunt.

Parmi les tombeaux de cette époque, l'original mausolée du cœur de Thibaut V de Champagne, mort en 1270 et pleuré par Rutebeuf (D. 44, fig. 51), à Provins, mérite une mention spéciale. Le cœur est dans un reliquaire de cristal au sommet d'une pyramide de

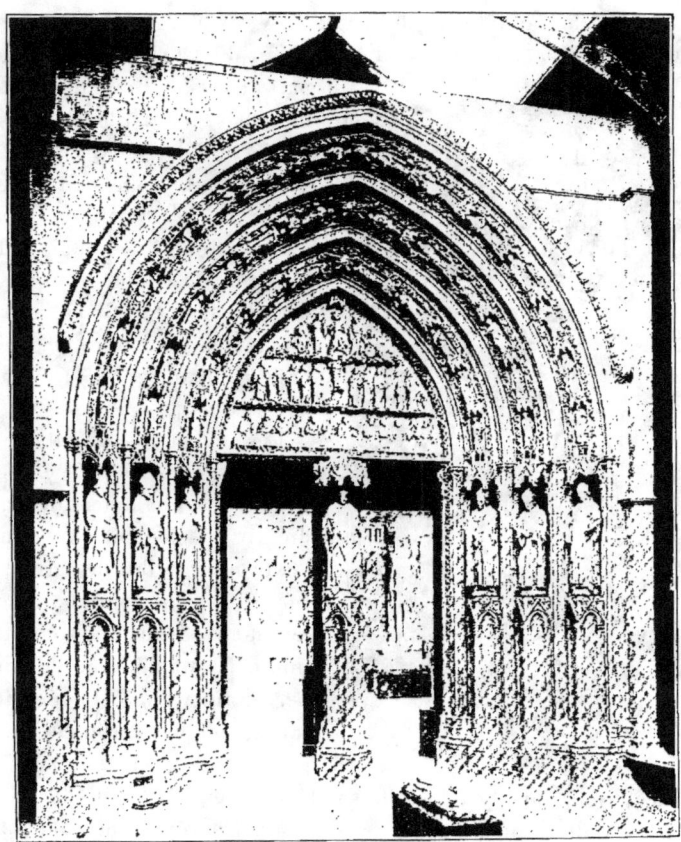

Fig. 53. — Portail de la cathédrale de Bordeaux.

bronze doré ciselé, rehaussé jadis de blasons émaillés et couronnant l'édicule octogone orné de figurines de moines en prière.

Des figures traditionnelles et impersonnelles, mais d'un sentiment juste, d'une correction sage et d'une grâce pondérée, sont les *Histoires* du Christ dont le maître d'œuvres et imagier Jean Ravy, et après lui son neveu Jean le Bouteiller qui termina l'œuvre, en 1351, avaient décoré le pourtour extérieur du chœur de Notre-Dame de Paris, grâce à la libéralité du chanoine Pierre de Fayet. Deux des tableaux que le vandalisme de Louis XIV a épargnés, l'Adoration des Mages, par Jean Ravy et l'Apparition du Christ à Madeleine, par Jean le Bouteiller, sont moulés dans l'aile de Passy (D. 84 et 85).

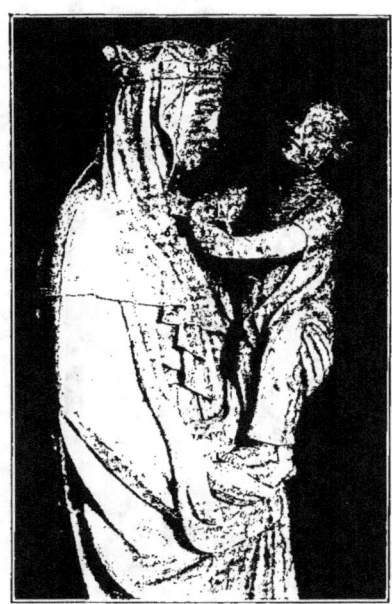

Photo C. Enlart.
Fig. 54. — Notre-Dame du Marthuret à Riom.

Ces hauts reliefs font contraste avec les panneaux, antérieurs de date mais plus avancés de style, sculptés à l'extérieur des chapelles du même déambulatoire et consacrés à l'histoire de la Vierge (D. 81 à 83).

Les chapelles furent commencées en 1296 et ces panneaux peuvent dater du début du xive siècle. On y reconnaît l'extrême gracilité de l'architecture ; l'extrême ondulation des feuillages ; l'extrême complication et le maniérisme des draperies ainsi que celui des attitudes, pleines toutefois de grâce et de mouvement.

L'affectation qui s'y constate se développera à la fin du siècle dans l'École de Dijon, mais en s'alliant à un naturalisme tout différent de l'esprit qui anime ces sculptures.

La dépression que divers détails viennent de nous montrer avec évidence est plus sensible encore dans des morceaux d'ensemble : l'arche du porche nord de la cathédrale de Bourges (D. 35, fig. 52) dont la date est voisine de 1300, est une œuvre originale, du tracé le plus élégant, exquise dans ses proportions et dans ses détails, tous variés, sincères et amusants. L'artiste n'a-t-il pas eu l'idée d'orner ses voussures de figurines de singes et de hiboux, toutes expressives, aux physionomies diverses et vraies. Il n'a pas été moins heureux dans son ornementation végétale. A la même époque, le tympan de Saint-Urbain de Troyes (D. 178) montre une architecture et une sculpture sèches dont le détail est gracieux, mais l'ensemble absolument pauvre ; enfin, le portail nord de la cathédrale de Bordeaux (D. 30, fig. 53) a toutes les qualités et tous les défauts du xive siècle. Ses sveltes colonnettes portent des chapiteaux d'un galbe exquis; dans l'élégante lancette de ses voussures, des plantes grimpantes ondulent entre des rangs de niches où s'abritent de charmantes figurines, non moins distinguées et non moins bien drapées que les statues d'évêques des piédroits, mais l'ensemble est mesquin ; le détail sent la recherche, et la même forme recherchée de feuillage ou de chevelure ondulés, de draperie, de figure souriante se répète sans variante appréciable ; le tympan, divisé en trois registres de petites scènes, n'a aucune ampleur, ni aucune tenue d'ensemble, partout les détails sont trop menus et faits pour être appréciés seulement de près. A portée de l'œil, le visage poupin d'un angelot, la souplesse et la délicatesse d'un feuillage nous charment; à distance, ils perdent tout leur effet, et nous percevons seulement des lignes sèches qui habillent insuffisamment une ornementation mesquine, maigre et confuse.

V

L'ART FLAMBOYANT

Le dernier quart du xive siècle vit se produire en France une transformation radicale des arts. La guerre de Cent ans avait ruiné notre influence artistique à l'étranger, mais elle avait eu pour effet de fortifier l'unité nationale, et au xve siècle, plus qu'auparavant, un même style va régner dans toutes nos provinces. Toutefois, ce style n'est plus une création française : désormais la France se contentera de s'inspirer de modèles étrangers, elle se les assimilera au lieu de créer de toutes pièces, et, pour commencer, elle adopte à la fin du xiv° siècle le style que nous nommons *flamboyant*, dont les éléments architecturaux sont d'origine anglaise, et dont la statuaire est d'inspiration flamande.

Dans la sculpture d'ornement, le style flamboyant recherche les feuillages les plus découpés, comme le chardon (E. *159*), ou les plus tourmentés, comme le chou frisé (E. *159*), et n'atténue rien de leurs complications. S'il prend pour thème des feuillages plus simples, comme le chêne (E. *156*), il les contourne et les détaille de façon à produire des effets analogues. On peut juger de cette décoration au Trocadéro par quelques exemples réunis dans la salle de l'Ornement ; chapiteaux du Musée de Toulouse (E. *156*, fig. 56) ; crochets et pinacle de la cathédrale de Troyes ; (E. *159*), rosace de l'ancien hôtel de la Trémoille (E. *102*) ; motifs des cathédrales de Chartres, de Sées, etc., colonnes du portique d'une maison de Beauvais (F. *13*, *14*).

La décoration flamboyante admet aussi beaucoup d'animaux plus ou moins fantastiques et de figurines, le plus souvent caricaturales. C'est avec une bonne humeur inlassable que les sculpteurs ont répandu les fantaisies de ce genre au xv° et dans la première moitié du xvi° siècle.

On en peut voir quelques jolis spécimens empruntés à l'hôtel de ville de Saint-Quentin (E. *133-140*) et à l'église de Louviers (E. *87*) où un moine et des fous se livrent à d'étranges chevauchées ; à la cathédrale de Troyes (E. *160* à *170*). Dans l'aile de Passy, des détails de l'hôtel Lallemant à Bourges (F. *36* à *42*) montrent une sirène, un fou apprenant à lire à un singe, et d'autres fantaisies. Trois bouts de poutres du Musée d'Amiens (E. *10* à *12*) sont ornées de grosses têtes de moines, variées mais également justes dans leurs physionomies. L'intensité d'expression, la hardiesse et la franchise de ces morceaux sont admirables en leur genre.

Ce penchant pour la caricature et les tendances naturalistes que nous allons constater dans la statuaire sont l'expression du goût flamand qui entre alors dans cette voie originale et n'en sortira plus, même à la Renaissance. Ce style flamand, à la fois puissant et familier, qui restera caractéristique des Pays-Bas jusqu'au cours du xviii° siècle, commence à s'affirmer au cours du xiv°, quand la Flandre

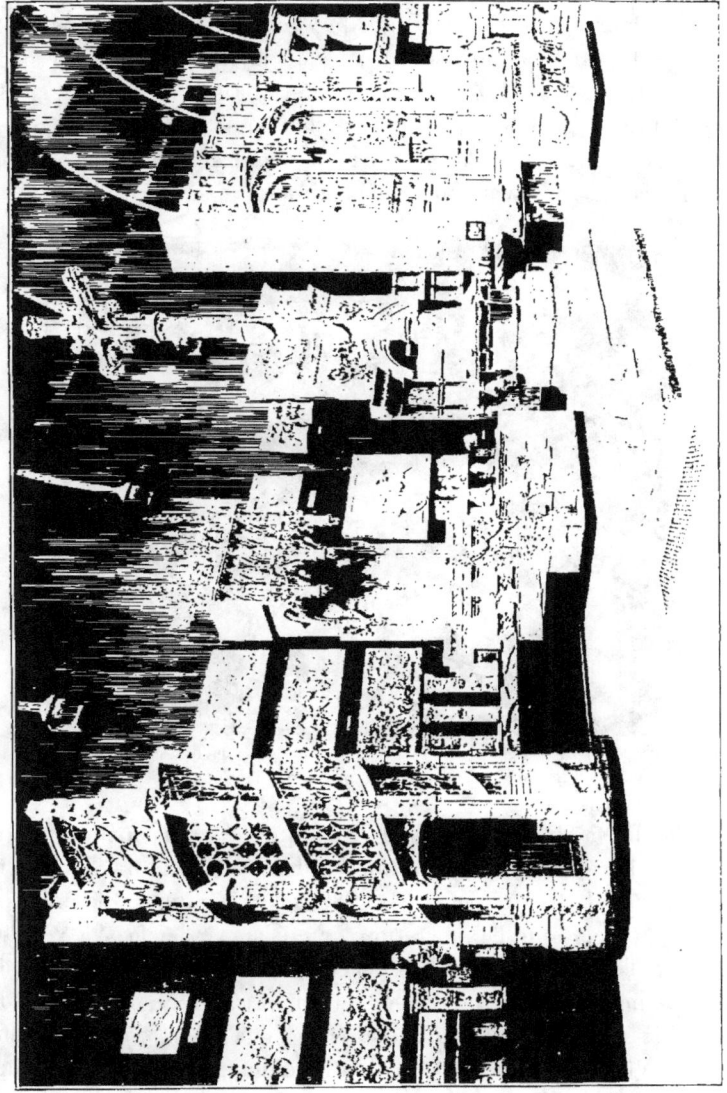

Fig. 55. — Aile de Paris, salle de l'art flamboyant et de la Renaissance. Escalier de Saint-Maclou de Rouen, stalles d'Amiens, portail de la cathédrale de Beauvais ; croix de Saint-Girgues (Puy-de-Dôme), etc.

se détache des enseignements de la France, sans cesser toutefois de lui fournir des artistes.

Depuis le début du xiv⁰ siècle, beaucoup de sculpteurs flamands exerçaient leur art en France, mais la Flandre n'avait pas encore de style spécial : comme d'autres contrées, elle suivait depuis le xiii⁰ siècle les modes françaises (1. 49 ; 50 à 55 ; 65), après avoir, au xii⁰ siècle, adhéré à l'École germanique; (1. 47 B. 289) mais au cours de la guerre de Cent ans, la Flandre, comme ces autres contrées, apprit à se passer de la France et à trouver une voie originale.

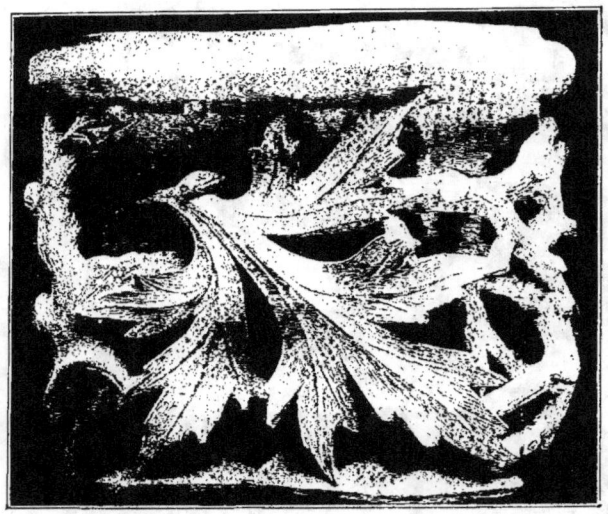

Photo Neurdein.
Fig. 56. — Chapiteau du musée de Toulouse.

La Flandre a dû sa floraison artistique aux circonstances qui l'avaient dotée des matières premières des arts mineurs. La pierre bleue qui s'exploite à Tournai (B. 289) et à Dinant a été mise en œuvre sur place pour l'exportation depuis le xi⁰ siècle. Au xii⁰, les ateliers de Tournai exportent des pierres tombales comme celle de Tortefontaine (Pas-de-Calais), des fonts baptismaux comme ceux de La Neuville-sous-Corbie, Saint-Just (Oise), le Tréport. Southampton, Lincoln, Winchester; au xv⁰, le maître d'œuvres du duc de Bourgogne va choisir à Dinant les pierres qui seront apportées à Dijon pour les tombes de Philippe le Hardi et de Jean sans Peur.

On sait aussi que Dinant fut le centre de fabrication de ces bronzes appelés *dinanderies* (I. 48; I. 94 à 103) qui, du XIIe au XVIe siècle, se sont répandus dans le monde entier.

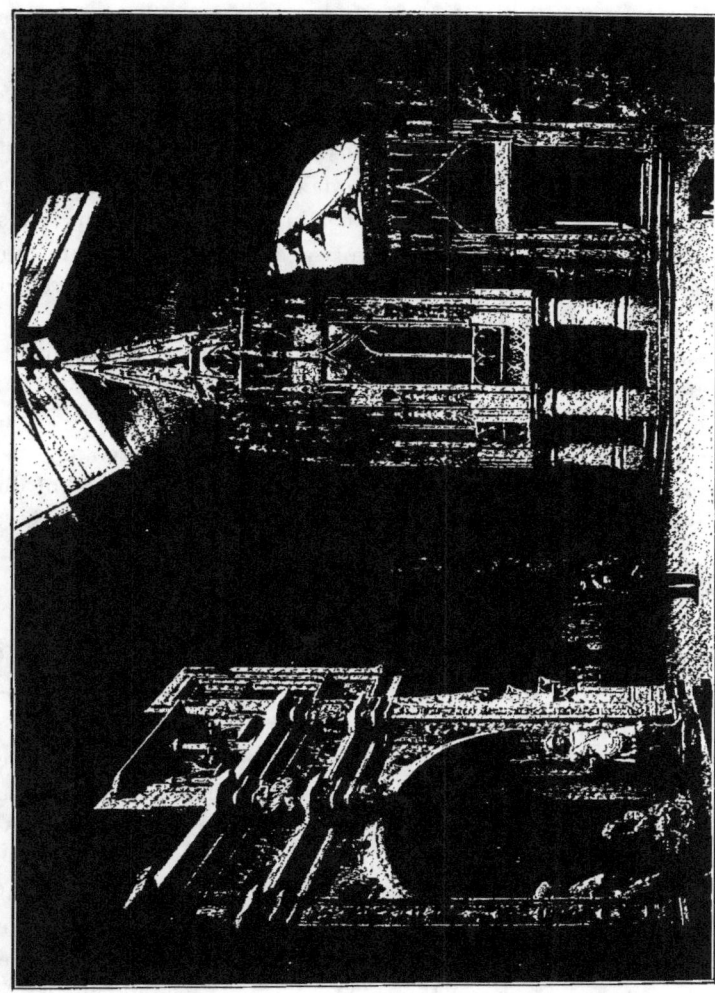

Fig. 57. — Aile de Passy. Salle de l'art flamboyant et de la Renaissance.

La Flandre et les Pays-Bas étaient, au Moyen Age, couverts de forêts de chêne. Non seulement on en exportait le bois brut, mais les ateliers de sculpteurs de la Flandre et du Brabant exécutèrent par milliers au xv⁰ et au xvi⁰ siècle ces retables à multiples figurines qui ressemblent (fig. 58) à des maquettes de théâtre et s'inspirent, en effet, comme l'a dit M. Émile Mâle, de la représentation des *Mystères*. On les trouve en Flandre (I. 80 à 84) et hors de Flandre depuis la Norvège (musée de Christiania) et la Suède (Wadstena) jusqu'en Champagne, à Fromentières; dans l'Ile-de-France à Bury, en Forez, à Ambierle. En Espagne, on sait que beaucoup de stalles et de retables ont été sculptés par des flamands. Le développement de l'industrie de la laine favorisa l'établissement en Flandre d'ateliers de tapisserie. Le développement de la fabrication des peaux, des huiles, des matières colorantes, favorisa celui de la peinture sur parchemin de la peinture à l'huile, des cuirs ornés ; la Flandre fut donc un pays d'art industriel.

La grande prospérité de tous ces ateliers se place de la fin du xiv⁰ siècle à celle du xvi⁰, et ils eurent alors leur style original. Non seulement les Flamands exportèrent des matières brutes ou travaillées, mais ils allèrent souvent exercer au loin leurs talents.

Le regretté Courajod a fait remarquer combien, dès le début du xiv⁰ siècle, les Flamands, peintres, orfèvres, ou tombiers statuaires affluent à Paris.

Lorsqu'à partir du règne de Charles V, ils se créent un style spécial, les artistes flamands le répandent en France et dans d'autres contrées, au point que si l'on ne connaissait la prépondérance artistique qu'ils exercent alors, on hésiterait à leur faire honneur de ce style tant ils l'ont vite et universellement propagé.

Le style le plus remarquable et le plus caractérisé de la statuaire du xv⁰ siècle est celui que Courajod a dénommé bourguignon, parce que son foyer semble avoir été Dijon sous les règnes de Philippe le Hardi et de Jean sans Peur. Ce terme est malheureusement inexact, car les maîtres qui ont créé ce style et qui l'ont propagé n'étaient pas plus bourguignons que les artistes réunis à Fontainebleau par François I⁺ⁱ n'étaient briards. La plupart venaient des Pays-Bas; le meilleur peut-être, Jacques Morel, était né à Lyon de plusieurs générations d'artistes lyonnais ; Antoine Le Moiturier était d'Avignon ; Jean de la Huerta catalan. On ne peut même dire qu'ils limitèrent leurs travaux à la Bourgogne ; nous voyons plusieurs d'entre eux travailler à Paris, Rouen, Angers, Montpellier, Avignon, Saint-Antoine-de-Viennois, Lyon et si les œuvres de sculpture exécutées pour Charles V, pour Jean de Berri, pour René d'Anjou nous avaient

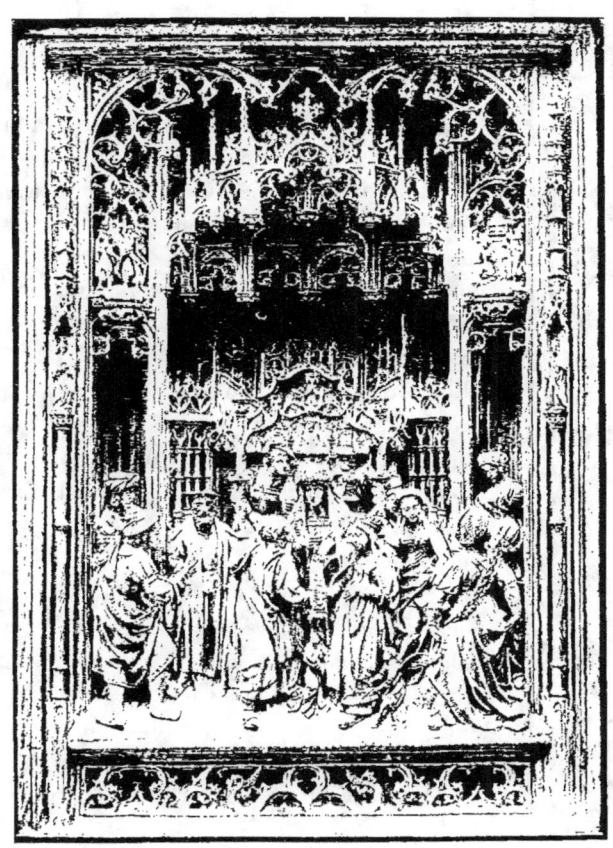

Photo Neurdein.

Fig. 58. — Le Mariage de la Vierge, retable de Lombeck Notre-Dame (Belgique), attribué à Paschier Borremans.

été conservées comme celles de la cour de Bourgogne, les tendances de l'atelier de Dijon nous apparaîtraient peut-être moins spéciales.
Nous savons les noms de divers maîtres imagiers de l'époque romane : il n'était pas rare qu'ils signassent leurs œuvres ; les artistes,

d'une bien autre valeur, à qui nous devons la statuaire gothique de la fin du XIIe au milieu environ du XIVe siècle, ne sont individualistes ni subjectivement ni objectivement ; ils ont évité de faire des portraits, préférant la vérité synthétique, et ils ne nous ont pas laissé leurs noms, à la différence des maîtres d'œuvres de la même période.

Au contraire, les documents sur les sculpteurs deviennent plus abondants et plus explicites depuis la seconde moitié du XIVe siècle ; l'attention publique commence en même temps à s'attacher à la personnalité des imagiers, et ceux-ci s'attachent de leur côté à la personnalité de leurs modèles ; la personnalité des clients s'accuse également.

Les plus grandes œuvres d'art de la dernière période gothique sont le plus souvent, en effet, commandées non par de vastes collectivités, comme celles des fidèles qui payèrent l'érection des cathédrales, mais par un petit nombre de hauts personnages.

La royauté, qui a affermi et étendu sa puissance, et les derniers représentants du pouvoir féodal disposent de grandes richesses, trop souvent acquises par de cruelles exactions, mais dont ils usent, du moins, noblement et élégamment, sachant allier le goût au faste et faisant concourir largement les arts à l'accroissement de leur prestige.

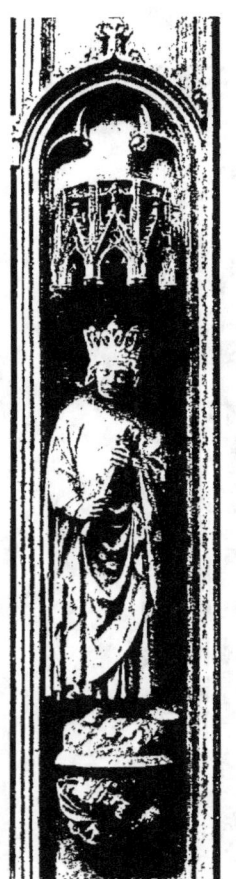

Photo Neurdein.
Fig. 59. — Statue de Charles V, à la cathédrale d'Amiens.

On sait que Charles V, ses frères les ducs de Bourgogne, de Berri et d'Anjou, et son fils Louis d'Orléans furent tous des amateurs d'art, passionnés pour les belles choses ; judicieux dans le choix de leurs artistes et dans le programme de leurs commandes.

En même temps qu'il s'entourait d'objets d'art exquis et formait une bibliothèque de somptueux manuscrits, Charles V élevait d'imposantes forteresses, comme le château de Vincennes et la bastille Saint-Antoine, des monastères comme le couvent des Célestins, des palais fastueux comme l'Hôtel Saint-Pol et les nouveaux édifices du Louvre.

Le maître des œuvres du roi, Raymond du Temple, avait la haute main sur tous ces travaux d'architecture, rehaussés de décorations peintes, qui jouaient un grand rôle dans l'Hôtel Saint-Pol, et de sculptures auxquelles collaboraient les meilleurs imagiers français et flamands, Jean de Saint-Romain, Jean de Launoy, Jean de Liège, Jacques Collet dit de Chartres et Guy de Dammartin.

Pour son tombeau et pour celui de Philippe VI son aïeul, Charles V fit appel au valenciennois André Beauneveu, célébré comme un souverain maître par son compatriote Froissart. En 1364 et 1365, il sculpta les statues couchées de marbre blanc dont le moulage est au Trocadéro. (E. 128; E. 98); ce sont des portraits d'une grande beauté, dans lesquels l'artiste a su rendre puissamment la forme et la vie, avec une saisissante réalité mais sans rechercher d'idéal. Les mains, dont l'ossature et les veines apparaissent sous la peau, indiquées sans exagération mais avec une merveilleuse justesse, ne sont peut-être pas moins intéressantes que les visages; les plis de la robe et du manteau sont simples et vrais.

Au portail des Célestins, quelque peu avant 1377, le roi et la reine avaient fait placer leurs effigies en pied, qui sont aujourd'hui au Louvre. On ignore le nom de l'auteur de ces belles figures, que le regretté Courajod était porté à attribuer à Jean de Liège. Le buste du roi est au Trocadéro (E. 100) et le musée possède les quatre grandes statues d'auteur inconnu (E. 3 à 6) qui représentent le roi (fig. 59), le Dauphin, Bureau de la Rivière et saint Jean-Baptiste à l'extérieur de la chapelle de ce saint à la cathédrale d'Amiens (1373 à 1375).

L'œuvre de Jean de Liège est représentée au Trocadéro par le buste de la statue tombale de Blanche de France exécutée avant 1382. C'est la consciencieuse étude d'une tête de femme âgée, aux traits accentués. (E. 130). La statue tombale de la reine Isabeau par Pierre de Thury (E. 131) est un autre portrait froidement exact.

Les statues d'Amiens et des Célestins sont bien faites pour nous donner d'amers regrets de la perte totale des sculptures que les artistes de Charles V avaient prodiguées au Louvre et à l'Hôtel Saint-Pol. Le fanatisme révolutionnaire n'a pas été assez aveugle pour empêcher Lenoir de sauver les effigies royales des Célestins et de Saint-Denis, mais c'est au xviiie siècle qu'appartient la honte d'avoir anéanti le vieux Louvre et l'Hôtel Saint-Pol. Il nous a laissé, il est vrai, une célèbre colonnade en échange, mais elle nous dédommage d'autant moins qu'on pouvait l'ériger ailleurs, car elle est plus gênante qu'utile au bâtiment qu'elle accompagne.

Les trois portraits de Charles V que possède le Musée ne semblent pas concordants à première vue ; c'est que les intempéries ont attaqué le nez de la statue d'Amiens. Les mesures de la tête relevées par M. Laran concordent avec la statue des Célestins.

La statue de Saint-Denis, œuvre de Beauneveu, est la plus ancienne ; elle est aussi plus grave et plus froide, comme il convient à une effigie funéraire ; c'est néanmoins un portrait très sincère et très poussé, nullement idéalisé.

La statue d'Amiens, avec sa couronne inclinée, est, au contraire, la plus vivante et la plus familière ; celle des Célestins l'est sans trivialité ; elle a même quelque chose de très digne dans sa bonhomie sereine, et elle mérite d'être comparée aux beaux portraits de l'époque romaine ou du xviiie siècle.

Le buste de la statue tombale de Bertrand du Guesclin, à Saint-Denis, par Thomas Privé et Robert Loisel (E. 129), est un autre portrait ressemblant et dépourvu d'idéal ; il exprime l'intelligence et aussi la vulgarité. De ce modèle laid mais héroïque, reproduit non trop exactement mais trop froidement, il semble que l'on eût pu tirer mieux, bien que le portrait soit posthume.

Les maîtres d'œuvres ordinaires de Jean de Berri furent Guy et Drouet de Dammartin ; ses imagiers Jacques Collet dit de Chartres, André Beauneveu, le même Guy de Dammartin, son frère André, Jean son fils, Jean Guérard, Jean de Rupy dit de Cambrai, Jean de Huy, Hennequin de Bruges. Ces derniers ont travaillé avec Guy de Dammartin au palais de Poitiers vers 1385, sans qu'on puisse préciser de quelles mains sont sorties les statues de Charles VI, d'Isabeau de Bavière du duc et de la duchesse qui ornent la cheminée de la grande salle. La statue distinguée de Charles VI; les effigies gracieuses mais nullement idéalisées des deux princesses sont moulées au Trocadéro (E. 103 à 105, fig. 60). On remarquera la petite taille de la duchesse, c'est que Jeanne de Boulogne n'avait que douze ans

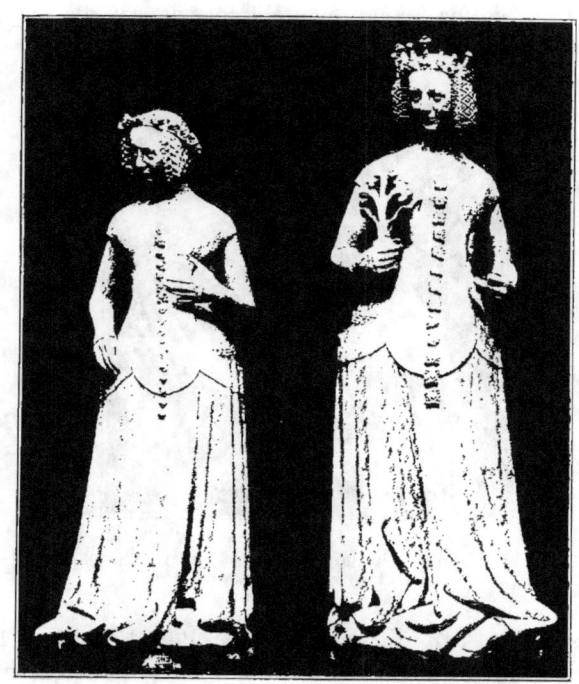

Photo Neurdein.
Fig. 60. — Jeanne de Boulogne et Isabeau de Bavière, au palais de Poitiers, vers 1390.

quand en 1389, trois mois après la mort de Jeanne d'Armagnac, elle devint la seconde femme du vieux duc. Elle le laissa mourir presque nonagénaire, démentant les malicieuses réflexions que Charles VI, au dire de Froissart, avait faites à son oncle dans un intervalle lucide.

Les plus beaux palais de Jean de Berri à Bicêtre, Nesle, Bourges, à Mehun-sur-Yèvre, Concressaut, Lusignan, Riom, ont disparu. Un évêque bel esprit du xviiie siècle, a réduit en moëllons le grand portail dont il avait doté Notre-Dame de Boulogne, et de toute l'œuvre de son sculpteur Jean de Cambrai il ne reste que quelques débris à Bourges, les vestiges du retable de la chapelle et ceux du tombeau du duc; peut-être aussi la Vierge de marbre, épaisse vulgaire et placide, que le duc donna à l'église de Marcoussis, est-elle son œuvre.

Quant aux pleurants du tombeau de Jean de Berri, ils furent exé-

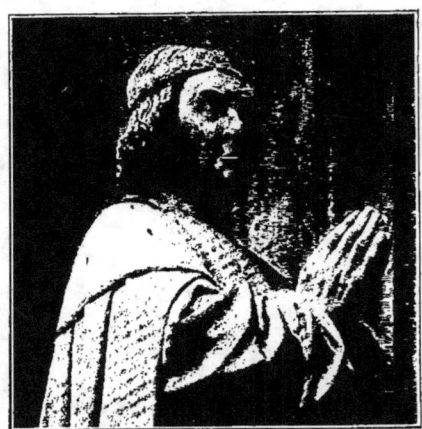

Photo C. Enlart.
Fig. 61. — Philippe le Hardi, par Claus Sluter, au portail de la Chartreuse de Champmol.

cutés après sa mort par Étienne Bobillet et Pol Mosselman. Le Trocadéro en a quatre moulages (E. 32 à 35) placés à côté de ceux des tombeaux de Dijon.

Parmi les artistes protégés du duc Jean, notons encore l'auteur de ses très riches et admirables *Heures*, le miniaturiste Pol de Limbourg, et André Beauneveu, qui, venu d'abord de Valenciennes à Paris, passa au service du duc après la mort de Charles V et se consacra à la décoration peinte et sculptée du château de Mehun-sur-Yèvre.

Froissart, fier de son compatriote, a signalé la magnificence de ces travaux et nous apprend qu'en 1393 Philippe le Hardi, qui, de son côté, avait emmené de Paris Jean de Liège, dépêcha à Mehun son propre statuaire flamand, Claus Sluter, pour lui faire étudier l'œuvre de Beauneveu.

C'est cette année-là que s'achevait aux portes de Dijon la fastueuse Chartreuse de Champmol consacrée dès 1388, et où, depuis dix ans, Philippe faisait travailler les meilleurs artistes flamands de son temps. C'est en 1387 qu'avait été commencé le portail (fig. 65) orné d'une Vierge (E. 58, fig. 62) par Jean de Marville, imagier brabançon, et des effigies priantes de Philippe le Hardi (fig. 61) et de la duchesse (E. 59-60) présentés par leurs patrons. Jean de Marville était entré au service du duc en 1372; en 1389 il mourut et ce fut son successeur Claus Sluter qui, de 1393 à 1401, exécuta les donateurs et les saints. Il avait pour aides Pierre Beauneveu, qui sculpta les consoles à figures sous les donataires, Jean Hulst et autres sous-ordres, et Jean de Liège sculptait les vantaux, aujourd'hui disparus.

Si la Chartreuse de Champmol avait été l'objet de tant de soins et de générosités de la part de Philippe le Hardi, c'est qu'elle devait être le panthéon de sa dynastie : dès 1383, il donnait ordre à Jean de Marville de commencer son tombeau ; après

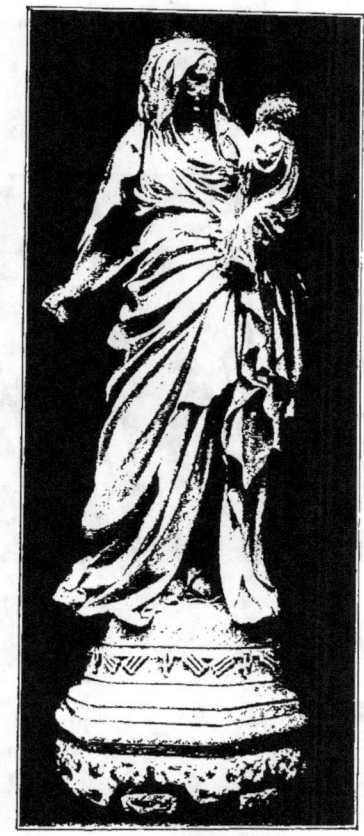

Photo Nourdein.
Fig. 62. — La Vierge, par Jean de Marville, au portail de la Chartreuse de Champmol.

la mort de l'artiste, Claus Sluter lui succéda, et quand il mourut à son tour en 1404, la même année que le duc, Claus de Werve, neveu de Sluter, acheva l'œuvre (E. 63 à 73, fig. 63).

C'est en 1443 seulement que le tombeau de Jean sans Peur fut commencé par l'espagnol Jean de la Huerta ; il ne fut achevé qu'en 1470, par l'avignonnais Antoine Le Moiturier (E. 74 à 78, fig. 63).

Ces tombeaux, conservés au musée de Dijon, ne font que développer un type usité depuis le xiie ou xiiie siècle. Les défunts sont couchés sur un sarcophage simulé ; des anges soutiennent le coussin où repose leur tête ; des animaux symboliques sont sous leurs pieds ; autour du sarcophage sont appliquées des figurines surmontées de dais qui n'étaient au xiiie siècle que de simples arcatures,

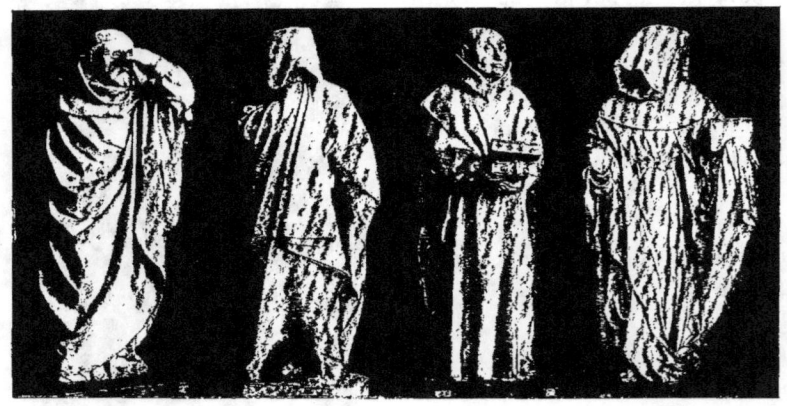

Photo Neurdein.
Fig. 63. — Pleurants des tombeaux de Dijon.
4. Tombeau de Philippe le Hardi (1384 à 1412), par Jean de Marville, Claus Sluter et Claus de Werve. — 1. 2. 3. Tombeau de Jean sans Peur, par Jean de la Huerta et Antoine le Moiturier.

mais qui se sont développés au xve comme dans les portails. Les petits personnages des socles sont tout ce que le musée possède de ces tombeaux. Ces figurines (fig. 63) représentent les pleurants qui suivent le cortège funèbre ; les uns sont des moines ; le plus grand nombre sont des seigneurs laïques, les fidèles du duc, portant par-dessus leurs vêtements usuels, la longue robe de deuil. Les artistes se sont ingéniés à varier leurs attitudes et leurs expressions, et ont pris plaisir à draper leurs robes ou à détailler leurs visages sous la large retombée des capuchons. Ces figurines sont autant de merveilleuses études ; il est impossible de faire plus vraies et de camper plus élégamment des statuettes ; les figures sont admirables de finesse et d'expression sans que la recherche du détail nuise jamais à l'ensemble ; quelques-unes tombent dans la trivialité mais, en général, les attitudes et les draperies sont de grande allure.

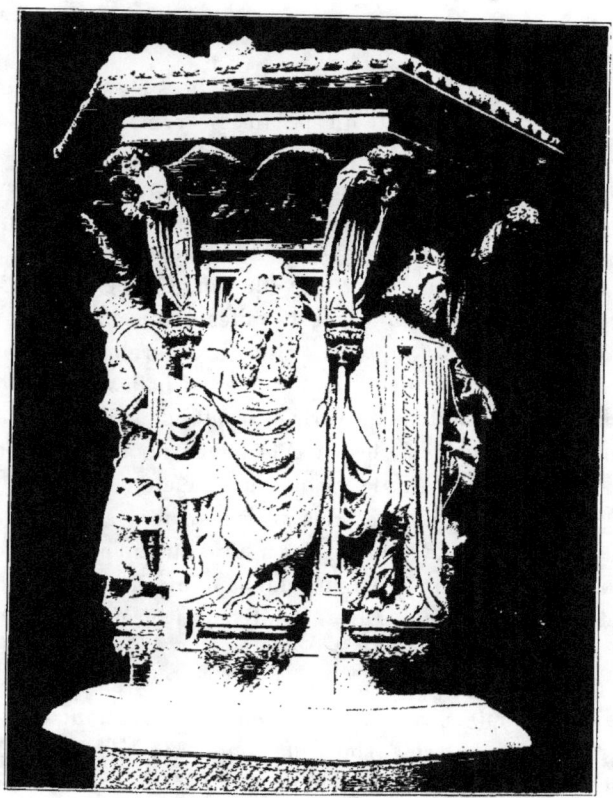

Fig. 64. — Monument du Puits de Moïse, à Champmol, par Claus Sluter et Claus de Werve, 1395 à 1402.

Le musée de Dijon conserve le retable de bois doré de la chapelle des ducs, dont le saint Georges est moulé au Trocadéro (E. 79). Il fut sculpté de 1390 à 1399 à Termonde par Jacques de Baerze ; le contrat de commande spécifiait que ce retable et un autre, qui a disparu, devaient être faits sur le modèle de retables existant déjà à

Termonde et à Gand ; on les amena deux fois de Flandre à Dijon, car il retournèrent à Ypres pour y être peints et dorés par Melchior Brœderlam.

De 1395 à 1402, fut construit au centre du cloître de Champmol, un calvaire monumental, dont les auteurs furent Claus Sluter et Claus de Werve.

Ce calvaire, par une disposition originale, s'élevait au centre du puits qui occupait le milieu du préau. Le crucifix, environné des figures de la Vierge, de saint Jean et de la Madeleine, se dressait sur une terrasse au sommet d'un socle hexagone qui seul a survécu et qui porte le nom de puits de Moïse (E. 61), car, ainsi que dans beaucoup d'autres monuments, des figures de l'Ancien Testament servent de base au sujet emprunté à la Nouvelle Loi. Le socle (fig. 64), dont la large corniche est soutenue sur des ailes éployées de six angelots pleureurs, est orné de statues en grandeur naturelle des Prophètes. Moïse est la plus remarquée, mais tout aussi belles sont les images de David, avec son manteau aux orfrois brodés de harpes; de Jérémie, jadis pourvu de bésicles de bronze ; de Zacharie, avec son écritoire ; de Daniel, coiffé d'un ample chaperon; d'Isaïe, chauve et tenant sous le bras un grand livre. Ces trois derniers sont de Claus de Werve ; les trois autres de Sluter. Ces figures étaient peintes et dorées.

Le monument eut dès son achèvement une grande réputation de beauté et aussi de dévotion. Des indulgences furent attachées à sa visite.

Louis d'Orléans, victime en 1407 d'un si traître meurtre, avait été de 1392 à cette date, avec sa belle-sœur Isabeau, tout à la fois le chef du gouvernement et l'arbitre de toutes les élégances. Dans la politique comme dans les arts, il portait ombrage à son oncle de Bourgogne, et les châteaux dont il hérissait sa terre de Valois étaient à la fois des forteresses puissantes et de somptueux palais. Ceux de Pierrefonds et de la Ferté-Milon attestent encore ce double caractère, et il est intéressant de voir moulé, à côté des œuvres de l'École flamande de Dijon et de la statuaire d'Amiens, le tympan du Couronnement de la Vierge, qui surmonte l'entrée du château de la Ferté-Milon (E. 82, fig. 65).

Le tableau évoque l'idée d'une scène de mystère ou d'une cérémonie de cour : dans la composition comme dans les types, l'artiste a représenté ce qu'il avait sous les yeux. Quel était cet artiste ? On l'ignore. MM. Courajod et Marcou ont remarqué que le grand banc

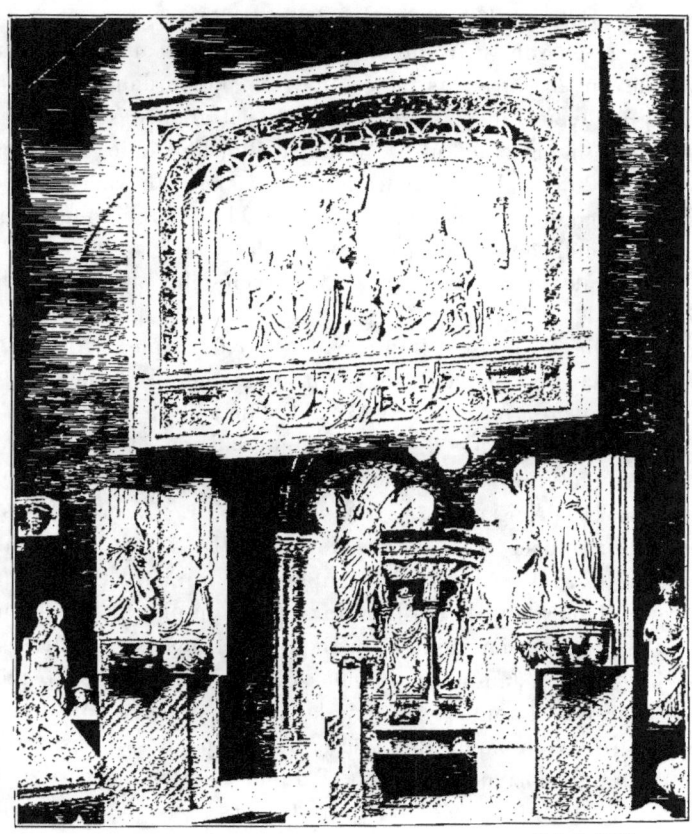

Fig. 65. — Statues du portail de Champmol et tympan du château de La Ferté-Milon.

qui remplit tout le fond est semblable, dans sa structure étrange, à ceux qu'a peints André Beauneveu ; à son école aussi appartiennent les grandes draperies à nombreux plis superposés en festons ou demi-cercles et retombant en chutes étagées. De son côté, M. André

Michel remarque que Jean de Saint-Romain avait sculpté au Louvre le même sujet ; enfin, cette sculpture offre dans sa composition et dans ses détails une grande ressemblance avec la miniature du Couronnement de la Vierge, peinte par Pol de Limbourg et ses frères dans les *Très Riches Heures* du duc Jean de Berri.

La Vierge en robe à traîne et en un long manteau de cour s'agenouille devant le Christ assis, comme une noble dame devant son roi pour recevoir l'investiture d'un fief. Un ange descend du ciel pour la couronner ; cinq autres, autour d'elle, font office de pages et relèvent les longs plis de sa traîne. Deux anges thuriféraires remplissent les écoinçons supérieurs, au-dessus d'une archivolte de feuillages et de délicates arcatures à jour ; dans la frise de soubassement, trois autres anges drapés avec recherche supportent deux blasons d'Orléans.

La chapelle Saint-Jean-Baptiste de la cathédrale d'Amiens est l'œuvre du cardinal de la Grange, qui fut évêque d'Amiens de 1373 à 1375 et mourut à Avignon en 1402. On ne sait pas davantage par qui furent sculptées les figures de son tombeau, dont une partie (E. 17), sauvée du vandalisme révolutionnaire, est conservée au musée Calvet d'Avignon. Les unes et les autres figurent dans les moulages du musée. Les statues d'Amiens (E. 3 à 6) représentent Charles V (fig. 59), Charles VI dauphin, le ministre Bureau de la Rivière, collaborateur du cardinal lorsqu'il administrait les finances royales, et son patron saint Jean-Baptiste. Toutes ces figures sont drapées avec vérité, ampleur et noblesse ; le saint Jean-Baptiste même avec recherche, et toutes ont dans la physionomie et dans le geste un caractère de bonhomie familière. L'attribut du saint est devenu un petit animal apprivoisé avec lequel il joue ; le bon vieux roi, la tête inclinée, la couronne posée un peu de travers, tient des deux mains son sceptre sans nulle préoccupation protocolaire ; c'est, au contraire avec une gravité enfantine que le jeune Dauphin tient sur sa poitrine et contemple une fleur de lys ; tandis que le ministre, une paire de gants neufs dans la main gauche, relevant de la droite son manteau, semble converser avec quelque ami.

Les groupes provenant du tombeau du cardinal à Avignon présentent les mêmes qualités, avec un arrangement plus savant et plus systématique dans les draperies. L'un figure un apôtre (E. 21, 22), présentant un prince agenouillé ; sa figure exprime le recueillement, et celle du patron la bienveillance protectrice, avec une nuance de familiarité et d'intimité qui donne à l'œuvre une vie saisissante, et l'on admire l'harmonie des plis tumultueux qui s'étagent de la barbe aux pieds du saint et se relèvent sur le bras et sur l'attribut qu'il tenait pour retomber en une chute onduleuse.

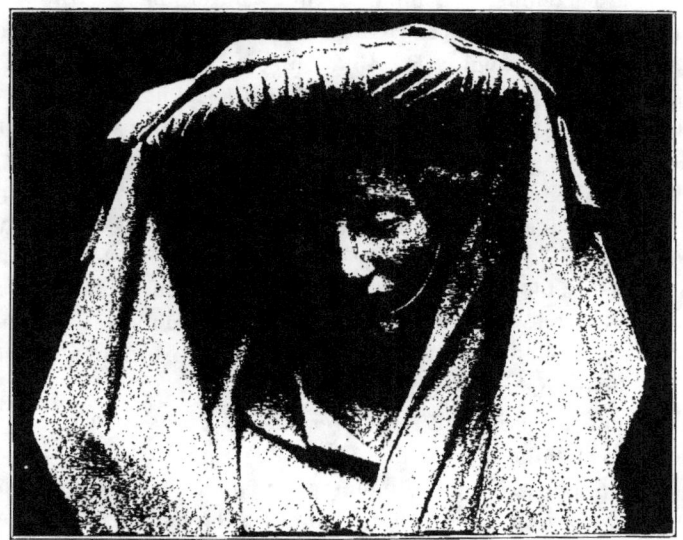

Photo Neurdein.

Fig. 66. — Tête de la Madeleine au Saint-Sépulcre de Tonnerre, par Jean Michel et Georges de la Sonnette.

La figure du Christ assis provient d'un groupe du Couronnement de la Vierge. Comme à la Ferté-Milon, Marie s'agenouillait devant son Fils en étalant la longue traîne de son manteau, et le Christ sur son trône lève la main droite pour la couronner ; la tête haute, les yeux abaissés il la regarde avec une expression de majesté douce et sereine.

Un autre monument célèbre de ce style dans le Midi est la série des Apôtres de la chapelle de Rieux conservés aujourd'hui au musée de Toulouse (E. 152, 153). Le collège de Rieux fut fondé à Toulouse

7

par l'évêque de Rieux Jean de la Tissenderie (1324 à 1348). Les statues de la chapelle doivent dater en partie de cette période, mais l'achèvement fut plus ou moins long, et si certaines figures ont bien le style du milieu du xiv° siècle, le saint Pierre et le saint Paul dont le musée possède les moulages appartiennent au style et très probablement aussi à la date du xv°.

OEuvre authentique, chef-d'œuvre peut-être d'un des plus grands artistes de ce temps, le lyonnais Jacques Morel, oncle d'Antoine Le Moiturier, les statues funéraires de Charles Ier de Bourbon et d'Agnès de Bourgogne à Souvigny (E. 145) montrent ce que l'art du xv° siècle a réalisé de plus puissant et de plus souple à la fois. C'est avec une sûreté de main et une ampleur de dessin étonnantes que l'artiste a rendu le modelé gras des visages, cruellement mutilés, hélas ; l'ondulation et la légèreté des cheveux ; la retombée superbe des lourdes draperies. C'est en 1453 que cette œuvre magistrale fut achevée. Combien ne devons-nous pas regretter la perte de tant d'autres sculptures exécutées par Morel à Lyon, où la balustrade de la chapelle des Bourbons (aile de Passy) peut être son œuvre ; à Toulouse, Avignon, Montpellier, et à Angers, où il mourut en mettant la dernière main au tombeau du roi René.

Analogues de style sont les autres statues de Souvigny, Louis II de Bourbon et Anne d'Auvergne (E. 144).

Beaucoup plus simple et moins attachante, mais curieuse pour l'histoire du costume est la figure tombale de Jeanne de Montjean, dame de Bueil (E. 42), morte en 1414.

En même temps que se développaient au xv° siècle le luxe des tombeaux et l'iconographie funéraire, la dévotion affectionna les méditations sur la mort. La légende des Trois Morts et des Trois Vifs, et les danses macabres jouissent alors d'une vogue que leur disputent les épisodes douloureux de la Passion. On multiplie les images de Jésus flagellé, le *Dieu de Pitié* et de *Notre-Dame de Pitié*, la mère contemplant sur ses genoux le corps inanimé et déchiré de son fils, et les représentations en grandeur naturelle du groupe de l'Ensevelissement du Christ.

Un des plus anciens parmi ces Saints-Sépulcres, que nous allons retrouver à la Renaissance, et l'un des plus beaux aussi est celui de l'Hôtel-Dieu de Tonnerre, exécuté en 1454 par Jean Michel et Georges de la Sonnette, aux frais d'un bourgeois de la ville, Lancelot de Buronfosse. Le Musée possède les moulages du buste de Joseph d'Arimathie, superbe figure de vieillard analogue aux Prophètes de Dijon, des têtes de la Vierge et d'une sainte femme abritant leur visage pur et douloureux sous la large retombée d'un grand voile épais, et enfin de la tête de Marie-Madeleine (fig. 66) encore

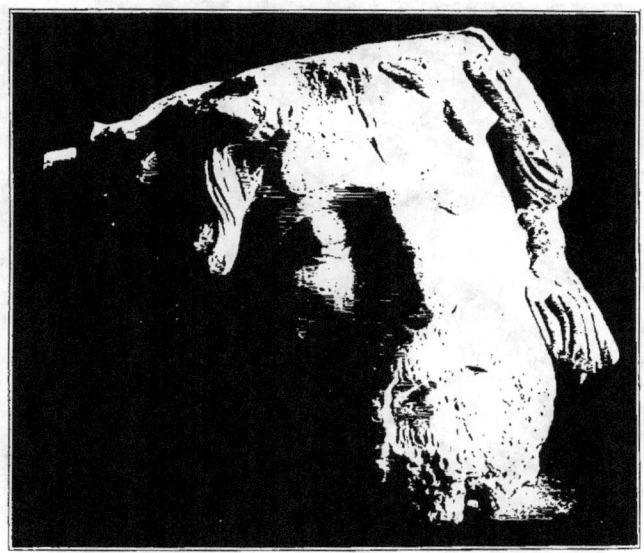

Fig. 67. — Tête du Christ du Musée de Beauvais.

parée de l'extravagante coiffure qui nous renseigne sur son passé mondain et sur les outrances de la mode au XVe siècle.

Admirablement expressive et tragique est la tête de Christ couronnée d'épines (E. 24) du musée de Beauvais; d'un sentiment poignant avec ses yeux lassés de douleurs, aux paupières tombantes, sa bouche d'agonisant, entr'ouverte, arquée par la souffrance et l'angoisse; son front transpercé par les épines de sa couronne dont une traverse la peau (fig. 67).

Cette tête est intéressante à comparer avec celle du crucifix du cimetière de Bade (1. 15) qu'a signé Nicolas von Leyen, mort en 1493. Le musée possède le moulage de cette tête et du torse ; on les a rapprochés de deux bustes attribués au même artiste et détruits dans le bombardement de Strasbourg. Ils avaient été sculptés en 1463 sur les portes de la chancellerie (1. 16, 17).

Ces bustes (fig. 68) passent pour ceux de Jacques de Lichtenberg, comte de Hanau et de Barbe de Hottenheim, mais l'homme en tur-

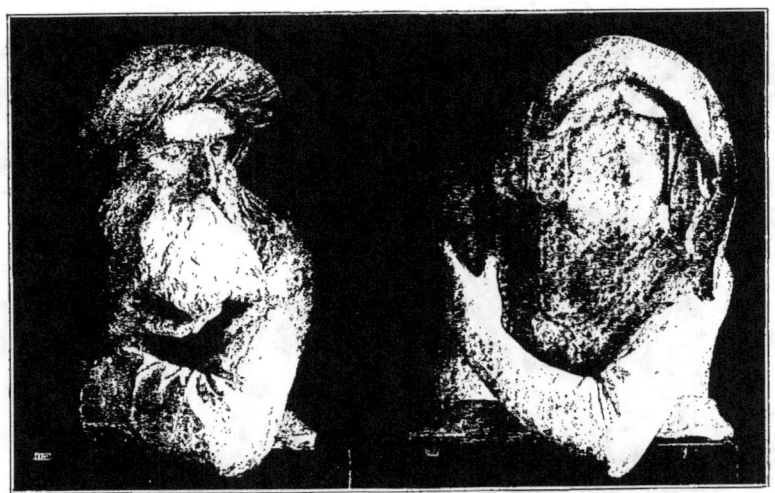

Photo Neurdein.

Fig. 68. — Bustes de Strasbourg, attribués à Nicolas Geraert.

ban et la femme avec sa pittoresque coiffure de fantaisie ne ressemblent guère à des portraits de défunts. Leur expression est animée jusqu'à l'outrance, et l'homme a un masque presque caricatural de vieil israélite. On pourrait y voir des portraits de maîtres de maison, comme ceux de l'hôtel de Jacques Cœur, à Bourges (E. 36-37), de l'hôtel du Montal, à Riom (aile de Paris) ou du château de Montal (F. 125 à 131) mais plus probablement, cet homme figure un prophète, précurseur des personnages d'Ancien Testament que dessinera Rembrant ; la jeune fille si agréablement potelée qui lui fait vis-à-vis est une sibylle, proche parente des saintes dont les bustes reliquaires de bois sont conservés à Wissembourg. Il suffit de comparer ces demi-figures à celles des prophètes et sibylles sculptés de 1469 à 1474 sur les stalles d'Ulm par les deux Georges Syrlin pour en être convaincu. Sont-elles bien de Nicolas von Leyen? Le rapprochement avec le Christ de Bade laisse place au doute. Ce Christ est traité avec autant d'habileté et plus de sincérité, et il est merveilleux d'expression tragique avec sa plaie béante au côté et sa bouche entr'ouverte laissant voir la langue serrée entre les dents. L'artiste, à coup sûr, avait étudié des corps de suppliciés. Quel était cet artiste? Encore un flamand; naturalisé strasbourgeois. Les recherches du regretté M. Seyboth ont montré qu'il s'appelait de son vrai nom Nicolas Geraert, de Liège, et qu'il était beau-frère de Martin Schongauer.

Courajod et M. André Michel ont signalé une détente dans l'art de la fin du xve siècle : au goût des draperies tumultueuses et agitées répandu par l'École flamande de Dijon succède une accalmie, un retour à la simplicité. Cette remarque a sa part de justesse, mais n'y eut-il pas plutôt deux modes parallèles? Il faut observer que les formes et les attitudes outrancières de l'atelier dijonnais se perpétueront au xvie siècle à Brou (F. aile de Passy, fig. 69) et qu'on trouverait durant tout le xve siècle quelques exemples de figures calmes et de draperies simples qui suivent la tradition du xiiie.

Parmi ces dernières, une des plus exquises est incontestablement la Vierge de Riom, Notre-Dame-du-Marthuret (E. aile de Paris, fig. 54), d'un visage si pur, d'une attitude si simplement aisée, d'une draperie si sobre qu'on la prendrait pour une œuvre du xiiie ou du xive siècle sans les pierreries en tables, les torsades et les feuillages des fleurons de sa couronne qui semblent bien caractéristiques du xve.

Cette jeune femme est un portrait, et son type n'est pas banal; son sourire maternel est bien à elle aussi, et plus personnelle et plus exquise encore est l'expression de l'enfant qui répond à ce sourire. Son geste est en dehors des formules courantes, et pris sur le vif, comme sa physionomie. Ce petit Jésus mérite d'autant plus notre admiration que beaucoup de jolies Vierges des xive, xve et xvie siècles sont accompagnées d'enfants négligemment traités et trop souvent franchement laids.

Les sculptures de petite échelle ont les mêmes qualités que la grande statuaire; signalons quelques petits personnages à genoux, groupés dans les voussures de portails de la cathédrale de Nantes (E. 91, 92), et de Saint-Maclou de Rouen, et celui qui provient d'un retable de Bourbon-l'Archambaud (E. 27).

Les célèbres tombeaux et le retable de Brou, qui montrent la persistance du style flamboyant en plein xvie siècle, sont représentés ici par une série de détails.

L'étude de ces monuments a été faite excellemment par le Dr Victor Nodet.

Les dessins des monuments ont été donnés en 1516 par Jean de Roome, de Bruxelles, et exécutés par le maître d'œuvres Louis van Boghem.

Les tombeaux de Marguerite d'Autriche et de Marguerite de Bourbon étaient presque achevés en 1527, avec la petite statuaire; en 1526, Conrad Meyt avait reçu la commande des grandes statues; il fut aidé par son frère et deux praticiens; en 1531, l'œuvre était achevée.

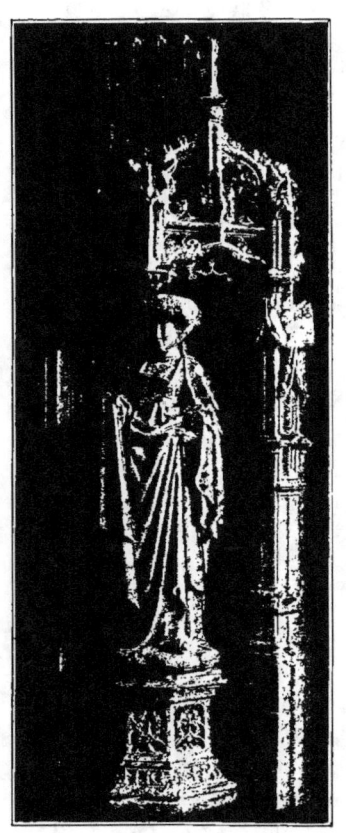

Photo C. Enlart.
Fig. 69. — Sibylle du tombeau de Philibert le Beau, à Brou.

Le tombeau de Marguerite de Bourbon est représenté par une partie du sarcophage, où l'imitation des tombeaux de Dijon tourne au maniérisme, par de délicieuses plantes de marguerites sculptées dans la voussure, et par une charmante statuette de sainte Marguerite. — Du tombeau de Marguerite d'Autriche proviennent des plantes de marguerites plus lourdes, et le buste de l'admirable statue du cadavre, par Conrad Meyt, placée sous le mausolée; à la tombe de Philibert le Beau sont empruntées deux niches élégantes et d'une extrême complication, une exquise figurine de sainte Catherine et trois statuettes de sibylles (fig. 69).

La statuaire de métal, jadis très nombreuse, a presque complètement disparu. Un petit ange de bronze repoussé (E. 89, fig. 70) tenant une bannière et qui formait girouette au sommet d'une toiture, avait été recueilli à Paris par les propriétaires du château du Lude ; il est passé à la collection de M. Pierpont Morgan ; le moulage seul nous reste. Il permet d'apprécier le talent du sculpteur Jean Barbet dit Jean de Lyon, qui a signé cette figurine en 1475 et qui, en dehors de cette œuvre, nous est surtout connu comme fondeur de canons et de boulets.

Cette figure est candide et d'une raideur qui n'est pas sans charme et sans grâce.

Parmi les œuvres de la seconde moitié du xve siècle, remarquons encore le buste de la statue tombale de Jean de Vienne dans la chapelle de Pagny (E. 94), une figure fine s'y encadre dans une barbe plantureuse et des cheveux abondants ; cette tête, d'un dessin probe et serré, détaillée avec un peu de sécheresse, rappelle les prophètes du Puits de Moïse.

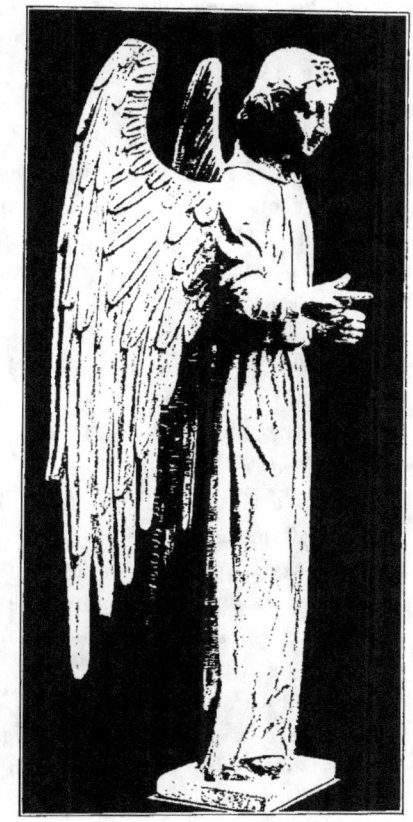

Photo Neurdein.

Fig. 70. — Angelot de bronze formant girouette, par Jean Barbet de Lyon. 1475.

En regard de ces sculptures, on peut étudier chez eux les Flamands dans une collection de panneaux de retables de bois (I. 80, 81, 83, 84). Comme les niches des portails et des tombeaux, ces panneaux se sont creusés au xve siècle, au point de devenir des casiers profonds où s'emboîtent non plus des bas-reliefs mais des figurines en ronde-bosse disposées sur plusieurs plans, des accessoires et décors en haut relief, paysage ou mobilier. C'est la parfaite réduction d'une scène de théâtre et, en effet, les attitudes réalistes, les costumes d'apparat, la mise en scène pleine de menus détails qu'on observe dans chacun des compartiments encadrés d'architecture où se déroule le drame sacré semblent bien la reproduction fidèle des diverses scènes des *Mystères*, telles qu'on les jouait alors.

Ces sculptures de chêne sont généralement composées avec beaucoup d'art et exécutées avec infiniment d'habileté ; le dessin en est juste ; on y trouve de très bonnes figures, leur style est familier, celles des Juifs et des bourreaux tombent même souvent dans la caricature et l'élégance des vêtements dans des complications outrées, tout comme au théâtre et comme aussi dans les cérémonies de la vie réelle.

Ces compositions sont de précieuses sources d'information : dans le Mariage de la Vierge de Lombeck-Notre-Dame, nous voyons tout le détail d'un sanctuaire d'église et d'une bénédiction nuptiale ; dans le festin d'Hérode de Hemmelverdeghem, Salomé danse la *morisque* avec un de ces costumes à grelots que l'on revêtait pour cette danse en 1427 à la Cour de Bourgogne. La morisque, que les histrions dansaient dans les grandes foires et chez les princes, était la même danse orientale qui égaie encore nos expositions universelles.

Le XIIe et le XIIIe siècle avaient été sincères et réservés ; la sincérité du XVe siècle frise l'indiscrétion ; il n'est pas de détail intime qu'il ne nous livre, et cette bonhomie nous le fait aimer, mais le Moyen Age finit avec cette période ; à l'avènement de la Renaissance va disparaître la sincérité qui, en matière d'art, n'a pas toujours été une vertu italienne.

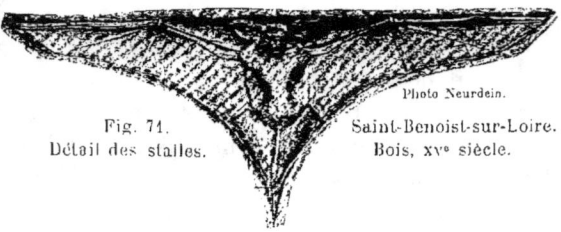

Fig. 71.
Détail des stalles.

Photo Neurdein.

Saint-Benoist-sur-Loire.
Bois, XVe siècle.

VI
LA RENAISSANCE

Lorsque, à partir du xive siècle, les peuples étrangers cessèrent plus ou moins d'être tributaires de l'art français, plusieurs d'entre eux créèrent des formes originales de l'art gothique ; ce fut, entre autres, le cas des Vénitiens, mais en général l'Italie n'avait rien compris à ce style, aussi, à l'inverse des autres nations qui cherchaient à progresser dans la voie ouverte à la fin du xiie siècle, revint-elle à ses plus anciennes traditions, en inaugurant la Renaissance classique.

Ces traditions étaient plus conformes au génie italien, et l'Italie réussit mieux à les faire revivre qu'elle n'avait réussi dans l'imitation des modèles français ; sa sculpture, jusque-là peu originale et plus faible que celle de la plupart des autres contrées, atteignit une rare perfection et une grande originalité ; son style, très distingué et très sec, diffère totalement de l'art franco-flamand, bien que l'influence de celui-ci se soit fait sentir parfois jusqu'à Naples.

De même que la valeur du style gothique français s'était jadis imposé, les qualités de la Renaissance italienne ne passèrent pas inaperçues. La France, en particulier, se lassait des outrances du style flamboyant et de la vulgarité des flamands ; elle n'avait pu se résigner à s'inspirer des albâtres anglais répandus à profusion. Cependant, déjà elle renonçait à son originalité artistique et prenait de plus en plus le goût de l'exotisme.

Dès la fin du xive siècle, le duc Jean de Berri faisait venir des marqueteurs italiens dont l'habileté pouvait à bon droit le séduire, et il avait fait exécuter en Italie le grand retable d'os de Poissy, aujourd'hui au Louvre. On s'explique mal que cet ouvrage ait pu plaire en comparaison des œuvres des ivoiriers français, mais il ne semble pas qu'il ait attiré d'autres commandes du même genre, et d'ailleurs il faut se rappeler que Jean de Berri et ses contemporains n'étaient pas seulement des amateurs éclairés, ils étaient curieux de choses « estranges ». Ce mot, qui signifie à la fois exotique et bizarre, témoigne par sa double acception que leur curiosité s'adressait autant aux objets rares et étonnants qu'aux belles œuvres.

Au mérite de la sculpture et de la peinture italiennes, à la curiosité des grands, s'ajoutent pour activer les importations d'art, des relations multiples entre la France et l'Italie. Louis d'Orléans avait épousé Valentine Visconti; René d'Anjou avait possédé quelque temps le royaume de Naples, et chacun sait l'histoire des expéditions entreprises par Charles VIII, Louis XII et François Ier pour réaliser les droits qu'ils tenaient d'eux.

Dès la fin du xve siècle, des modèles d'art italien ont été importés en France. Le roi René avait à son service le sculpteur dalmate Francesco Laurana, qui travailla beaucoup en Provence et quelque peu en Lorraine dans le plus pur style de la Renaissance italienne.

Ce que ce style avait parfois de sécheresse acerbe, on peut le voir par certaines de ses œuvres en Italie et par ce qui nous est resté de celles de Laurana.

La porte du palais Doria à Gênes ne date que du xvie siècle, mais c'est un exemple très typique du style de la Renaissance italienne. On l'a placée (I. 208), à côté des pilastres de la chapelle Saint-Lazare (I. 171-172) que Laurana exécuta en 1475 à la Major de Marseille; c'est absolument le même style, et à côté, une autre œuvre du même artiste, le retable du Portement de la Croix de Saint-Didier d'Avignon (I. 175) montre que l'Italie de la fin du xve siècle conservait cette dureté qui sévit si généralement dans son art du début du même siècle et du xive. Toutefois, deux têtes de femmes de la chapelle Saint-Lazare (I. 173-174) témoignent du charme que Laurana sut parfois donner à ses figures. Cet artiste était évidemment inégal.

Le Nord ne fut pas en retard sur le Midi pour l'importation des modes nouvelles; en 1469, l'abbé de Saint-Bertin de Saint-Omer, Guillaume Fillastre, bâtard de Bourgogne, évêque de Tournai et chargé d'ambassade en Italie, avait commandé à Florence son tombeau à André della Robbia (fig. 72). Les pièces de ce grand et somptueux mausolée furent charriées et embarquées à Pise, débarquées au port de l'Écluse d'où on les achemina sur Tournai; mais Guillaume, mort en 1475, ayant été enterré à Saint-Omer, le tombeau y fut envoyé et monté ; il fut détruit à la Révolution, à l'exception des bas-reliefs (1. 184 de la Mort à 186), de la Cène et de l'Annonciation, qu'ont recueilli le musée et une église de Saint-Omer, et dont le moulage fait face au retable d'Avignon de Laurana.

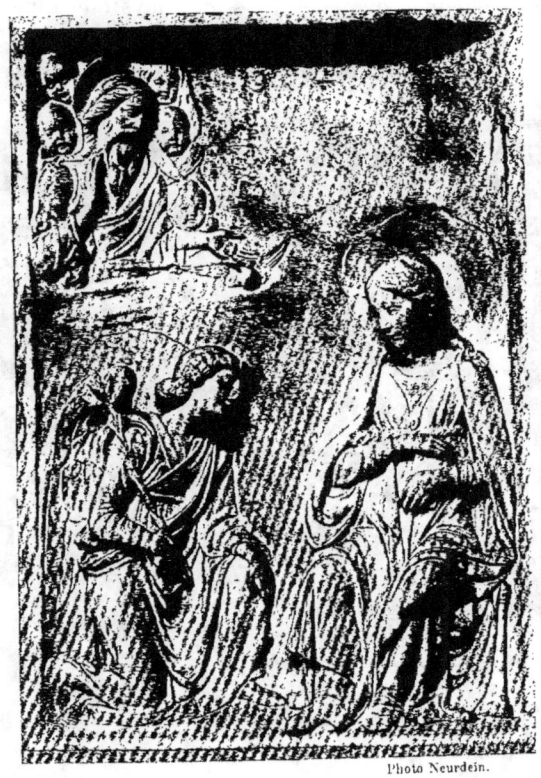

Fig. 72. — L'Annonciation, par Andréa della Robbia, provenant du tombeau de Guillaume Filliastre. Musée de Saint-Omer.

Tout auprès, nous voyons des bas-reliefs de la Renaissance dont le style italien n'est pas moins caractérisé et qui proviennent d'Amiens ; ce sont les bustes de la Madeleine et d'un homme à bonnet carré. Ces œuvres ne peuvent avoir été importées, car elles sont exécutées dans la plus mauvaise pierre du pays; ces morceaux prouvent donc que sous le règne de François Ier, dont la

Madeleine suit la mode, il existait à Amiens au moins un sculpteur italien, ou tout à fait rompu à l'imitation du style italien.

L'importation du style de la Renaissance s'est effectuée comme celle du style flamboyant, petit à petit, et en empruntant parfois des modèles déjà anciens et démodés dans leur pays d'origine.

Les stalles d'Amiens (E. 7, fig. 55) exécutées de 1508 à 1522 par les menuisiers Arnould Boulin et Alexandre Huet ; sculptées par les

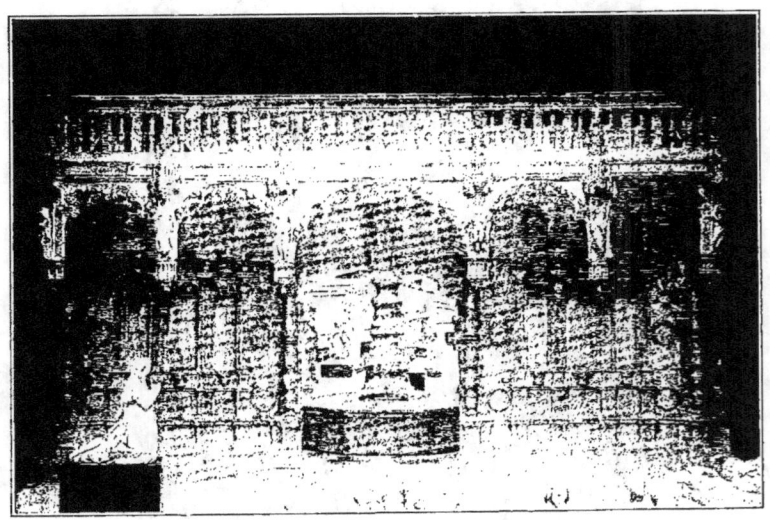

Fig. 73. — Jubé de la cathédrale de Limoges, 1533-1534.

tailleurs d'images, Antoine Avernier et Jean Trupin, sont un bon exemple des premiers débuts de cette importation. La structure est entièrement gothique ; la sculpture l'est également, à l'exception des ornements des moulures des accoudoirs et du revers des parcloses.

Le jubé de la cathédrale de Limoges (F. 118. fig. 73) qui porte les dates de 1533 et 1534, montre les progrès du style importé d'Italie. Il n'a plus de gothique que l'ensemble de sa structure, l'échelle de sa décoration, les branches d'ogives, aujourd'hui brisées, qui s'appliquent à son plafond incliné. Les tracés des arcs, les pilastres, les fûts de colonnettes tournés en balustres, les panneaux, cartouches, rinceaux, arabesques, figurines, tout appartient à un art renouvelé de

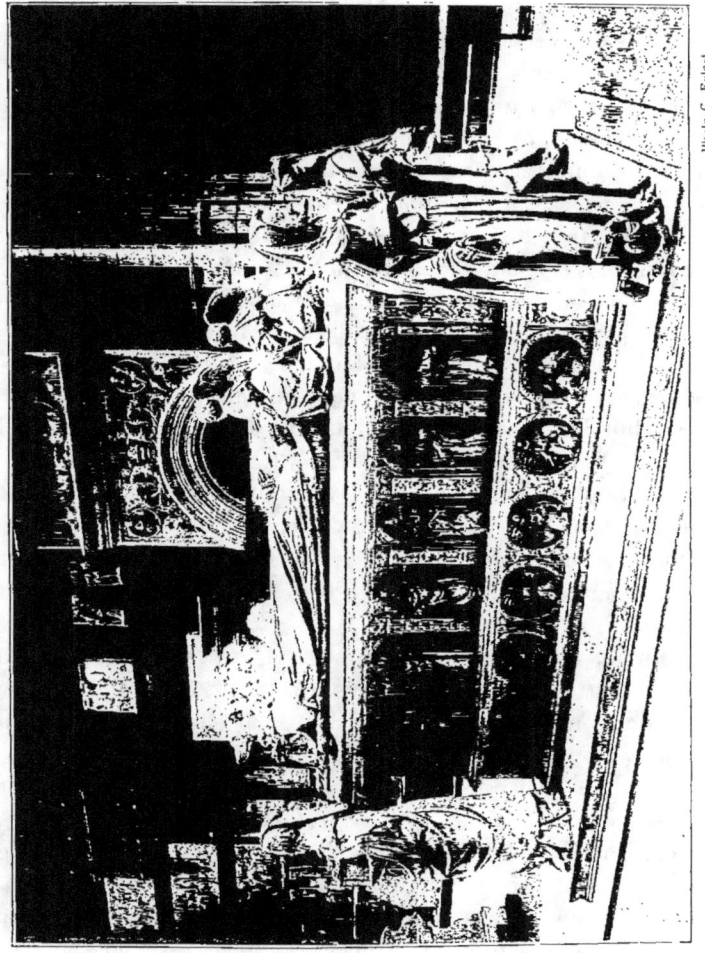

Fig. 74. — Tombeau de François II à Nantes, par Michel Colombe.

l'antique à travers les interprétations italiennes du xv° siècle. Il y a plus, les sujets acceptés par l'évêque pour la décoration du sanctuaire de son église appartiennent à la mythologie et à la littérature païennes; on y voit les Travaux d'Hercule, Lucrèce, l'Amour et autres motifs; les bas-reliefs d'Hercule ont eu pour modèles des plaquettes de bronze de Moderno, très répandues alors chez les amateurs d'art. La seule partie chrétienne de cette iconographie consiste en figures allégoriques des Vertus auxquelles on s'est efforcé de donner l'aspect de déesses antiques.

En regard de la porte de Gênes et des sculptures italiennes importées en France vers 1475, il est intéressant de voir, dans la petite salle où on les a réunies, des œuvres françaises de diverses provinces mais également inspirées de l'art italien : cheminée et pilastres d'Orléans, (F. 146, 148, 152) tombeau du cardinal Briçonnet, archevêque de Narbonne (F. 144) fontaine de Beaune à Tours (F. 284). On voit là tout à la fois combien les modèles ultramontains s'étaient uniformément répandus chez nous au temps de François 1er, et combien le ciseau français avait su les assouplir.

Les mêmes nuances s'observent dans un seul monument quand il est le produit d'une collaboration d'italiens et de français, comme le tombeau de François II à Nantes (F. 143; fig. 74).

Moins secs et moins compassés, les monuments de la Renaissance française ont encore l'avantage de porter leur vêtement italien sur l'élégante et solide armature de la vieille construction gothique, qui leur donne une grâce, une aisance et une harmonie inconnues de l'autre côté des Alpes.

A partir du milieu du xvi° siècle, ces vieilles et salutaires traditions s'effacent. Si le jubé de Limoges (1533 à 1547) en retient encore un peu, on n'en voit plus guère trace de 1535 à 1544, à Rouen dans le tombeau du duc de Brézé (F. 213, fig. 75).

La fusion des deux arts, au début de la Renaissance française, s'opéra par deux voies; des Italiens s'établirent en France, comme Laurana; certains, comme les Juste, protégés de Louis XII et des Cardinaux d'Amboise, ont naturalisé leur famille et francisé leur manière; par contre, un plus grand nombre de Français se sont assimilé le style italien, comme Michel Colombe, resté pourtant original; certains ont fait, comme Nicolas Bachelier (Toulouse, 1485 à 1566 environ) et Philibert de l'Orme (1515-1570), un séjour d'études dans la Péninsule; à cette école, Jacques Androuet du Cerceau perdra un jour tout sentiment de la logique et des proportions ; enfin un Français de plus de talent, Jean Bologne (1524-1608) fermera l'ère de la Renaissance, et naturalisé et assimilé comme autrefois les Juste, il méritera d'être classé parmi les sculpteurs italiens plus encore que les Juste parmi les français.

Au temps de leur plus grande médiocrité, les artistes italiens du Moyen Age tenaient à signer leurs œuvres, alors que les maîtres

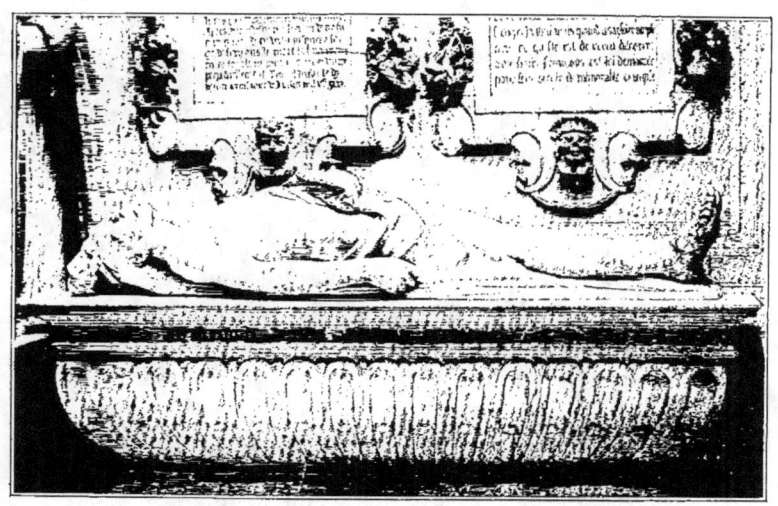

Fig. 75. — Figure funéraire du duc de Brézé, à Rouen.

français contemporains ont poussé trop souvent la modestie jusqu'à se laisser oublier. Or, parmi les habitudes italiennes qu'implanta chez nous la Renaissance, il faut noter l'exagération de la personnalité de l'artiste. Il ne sera plus désormais le serviteur de son œuvre ; il oubliera combien elle doit être plus que lui, et combien d'efforts collectifs et combinés sont nécessaires à l'homme pour produire quelque chose de réellement grand. Ce progrès de l'individualisme ne permettra plus la réalisation de ces œuvres prodigieuses de grandeur et d'harmonie que sont nos cathédrales, produit de l'effort continu et discipliné d'hommes qui préféraient la réussite de l'œuvre au plaisir de la voir achevée et d'y marquer leur part de collaboration.

Longtemps la structure gothique servira de support plus ou moins dissimulé à la décoration italo-antique. Ainsi, en 1535, la voûte qui supporte le *Gros Horloge* de Rouen au dessus de la rue principale de la ville (F. 239) se compose d'une double arche flamboyante en anse de panier ornée de chérubins à l'italienne et d'une voûte sculptée que soutient une armature décrivant un cercle entre deux demi-ellipses. C'est la corruption d'une croisée d'ogives, et cette armature encadre des panneaux sculptés où le bon Pasteur, patron des marchands de laine de Rouen, garde ses troupeaux et s'efforce de ressembler à quelque Apollon berger.

La composition du tombeau du duc de Brézé, Sénéchal de Normandie, à la cathédrale de Rouen (F. 213) est un curieux mélange de vieilles traditions gothiques travesties, de modes italiennes interprétées, et d'ordres antiques adaptés au tout.

La tradition du Moyen Age y est représentée par le cadavre couché (fig. 75) étendu sur un sarcophage, encadré d'une niche, mais le gisant est ici une étude académique ; le sarcophage est antique ; la niche est architecturée à la romaine.

L'effigie équestre du défunt vivant se voit à la partie supérieure du monument, comme dès le XIIIe siècle à Vérone sur les tombeaux de la famille della Scala ou *Scaliger*.

L'encadrement se compose d'arcs romains, de colonnes et d'architraves corinthiennes, de cariatides imitant plus ou moins mal celles de l'antiquité à travers des monuments italiens.

Dans la même ville, les bas-reliefs représentant le Camp du Drap d'or à l'Hôtel du Bourgthéroulde (F. 240 à 244) n'ont plus rien de la tradition gothique, mais la galerie qu'ils décorent perpétue la disposition et le tracé d'arcs usités au XVe siècle.

Les monuments où l'imitation de l'Italie se marie le plus heureusement à la tradition française sont le tombeau des enfants de Charles VIII à Tours (F. 283) et celui des parents d'Anne de Bretagne, François II et Marguerite de Foix à Nantes (F. 143). Le tombeau de Tours, exécuté vers 1506, est dû à la collaboration de Guillaume Regnault et de Jérôme de Fiesole ; le premier, neveu de Michel Colombe, a dû faire les deux charmantes figurines gisantes des enfants royaux ; le second, le socle de pur style italien élégamment silhouetté et décoré.

Le tombeau de Nantes (fig. 74) dont M. Paul Vitry a écrit l'histoire, est un des monuments les plus intéressants de l'art français. En 1500, la reine Anne avait fait venir des marbres d'Italie et de Flandre pour ériger à ses parents un superbe mausolée; le lyonnais Jean Perréal en avait arrêté l'ordonnance, d'accord peut-être avec le sculpteur Jérôme de Fiesole, lorsque la reine, séduite par le talent de son compatriote Michel Colombe, décida de lui confier l'exécution des effigies des défunts et des statues symboliques des quatre Vertus cardinales, plantées, selon une mode italienne, aux quatre angles du mausolée. Le vieux maître français était alors dans la plénitude de son talent mais à la fin de sa carrière ; il avait environ soixante-dix ans. Aidé de son neveu Guillaume Regnault et de Jérôme de Fiesole, il se mit en 1502 à cette œuvre qu'il termina en 1507, Perréal continuant de diriger les travaux et Jérôme de Fiesole gardant l'exécution des ornements et des figures secondaires.

Le retable que Michel Colombe avait fait pour la même chapelle a malheureusement disparu, comme beaucoup de ses œuvres, mais nous avons de lui un autre retable (F. 97), celui de la chapelle du château de Georges d'Amboise à Gaillon, figurant saint Georges vainqueur du dragon. De cette même chapelle de Gaillon proviennent les jolies stalles (F. 98) aujourd'hui à Saint-Denis, qui forment un curieux mélange de sculpture française et de marqueterie italienne (*tarsia*), de style flamboyant et de Renaissance. A leurs côtés, les stalles d'Amiens (E. 7, 1508 à 1522), montrent le style gothique dans sa plénitude, avec quelques rares détails de Renaissance perdus çà et là dans l'ensemble flamboyant, tandis que les célèbres stalles de Saint-Bertrand de Cominges (F. 250), postérieures d'un quart de siècle, appartiennent sans partage au style nouveau.

On peut étudier la transition sur d'autres boiseries : vantaux de la cathédrale d'Aix (E. 1) où des pilastres de la Renaissance sont bizarrement insérés dans une ordonnance gothique, et deux clôtures de chapelles de la cathédrale d'Evreux (F. 91, 92), l'une montrant un mélange presque égal des deux éléments ; l'autre, ornée d'une figure d'Hercule, dépouillée de tout motif gothique.

Les clôtures de pierre d'autres sanctuaires montrent la même évolution : à Chartres (E. 49; F. 68 à 78) l'architecture purement gothique de Jean Texier dit Jean de Beauce (1514) encadre le groupe en ronde-bosse de la *Présentation au Temple* et le groupe de style plus moderne de la *Fuite en Égypte*, commandé en 1542 à François Marchand d'Orléans. Divers médaillons et des motifs courants d'ornement empruntés au même ensemble montrent le style de la Renaissance sans mélange.

Il apparaît aussi dans la clôture de la cathédrale de Rodez (F. 212), avec sa baie obstruée d'épaisses et lourdes arabesques dont le style particulier rappelle certaines parcloses des stalles piémontaises de Staffarde conservées au musée de Turin.

Enfin, les clôtures de chapelles de Laon (F. *110* à *117*) montrent le triomphe définitif des ordonnances classiques.

Une tradition léguée par le XVe siècle et à laquelle la Renaissance n'a rien fait perdre de sa faveur est le goût des effigies funéraires réalistes, des images macabres et des représentations de la mort et des funérailles du Christ.

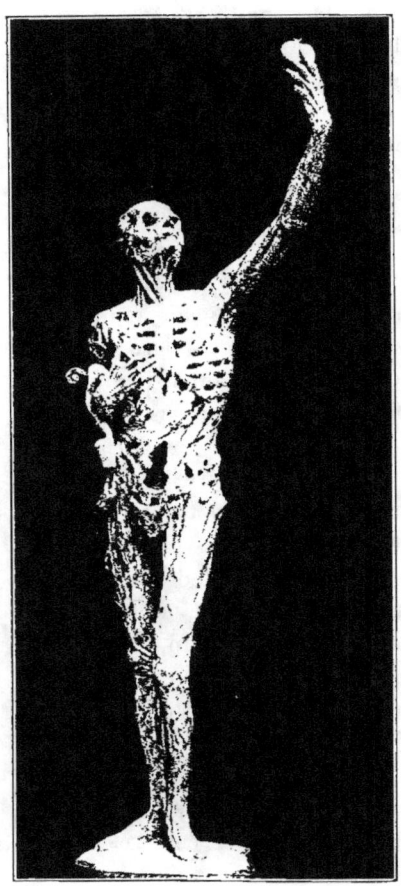

Photo Neurdein.

Fig. 76. — Statue funéraire de René de Chalon, par Ligier Richier à Bar-le-Duc.

Le cadavre décharné de René de Châlon par Ligier Richier (F. 104, fig. 76), à Bar-le-Duc, est comparable à celui du cardinal de Lagrange à Avignon; le réalisme n'est guère moins effrayant dans le corps nu et émacié de Valentine Balbiani (F. 179) par Germain Pilon ; le réalisme a quelque chose de plus noble mais non de moins tragique dans le transi du tombeau du duc de Brézé à Rouen (F. 213), attribué à Jean Goujon et exécuté certainement d'après le moulage d'un cadavre ; enfin, dans le tombeau de Henri II et Cathe-

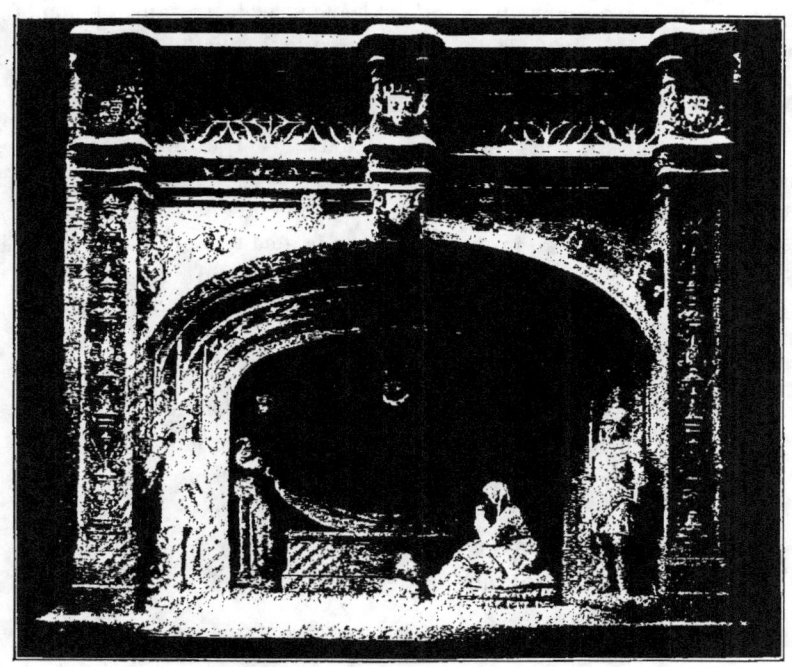

Fig. 77. — Le Saint-Sépulcre de Solesmes.

rine de Médicis à Saint-Denis (F. 272) Germain Pilon, en 1570, trouvera simplement prétexte à deux académies imitant les formes molles de l'art romain et le geste de la Vénus de Médicis. Plus heureux dans ses admirables bustes de Jean de Morvilliers (F. 147), de Henri II (F. 176), Charles IX (F. 177) et de Henri III (F. 178), cet artiste suivra encore la tradition gothique dans sa Notre-Dame-de-Pitié du Louvre qui s'en écarte seulement par une double erreur d'anatomie et d'iconographie, car cette Vierge a les pieds nus et pourvus de doigts de mains.

Pierre Bontemps, de Paris, comme l'a démontré M. Maurice Roy, est l'auteur des bas-reliefs du tombeau de François Ier (F. 270, 271) et de la statue tombale de Ch. de Magny (F. 188). Il mérite d'être mis au rang des maîtres de notre Renaissance.

Dans les Sépulcres, rien non plus n'est changé. Celui de Solesmes, justement célèbre (E. **141**, fig. 77), est daté de 1496. Il montre, non la fusion, mais la juxtaposition de l'art français et de quelques éléments italiens. Le corps du Christ et les deuillants qui l'entourent sont de la façon gothique. Le Joseph d'Arimathie apparaît dans les détails de sa figure bonasse, de son costume, de son collier avec cœur-reliquaire, comme un portrait consciencieux ; c'est, dit-on, le seigneur de Sablé, bienfaiteur de l'abbaye.

L'originalité du groupe consiste à en détacher la Madeleine qui s'est assise à l'écart, au premier plan, pour méditer, prier et pleurer. Sous le voile qui l'ombrage discrètement, son fin visage allie la dignité pensive à l'expression d'une douleur intime et profonde. C'est le morceau exquis du groupe.

Contrastant avec ces personnages traités dans l'esprit des vieux maîtres ou dans un esprit indépendant, les deux soldats en faction à l'entrée du tombeau arborent une tenue antique de fantaisie qui met sur cet ensemble une tache disparate de Renaissance.

Non moins étrangers à l'ensemble sont dans l'architecture flamboyante de la niche les deux pilastres avec arabesques à l'antique. Leur sécheresse permet de les attribuer à une main italienne.

De l'arcade en anse de panier se détache une clef pendante portant sur la face une niche peu profonde et au revers une cavité où l'on dit que se plaçait une relique. Il semble évident que la relique était plutôt exposée à la vue, sur la face antérieure, et que la niche du revers est destinée à recevoir une petite lampe invisible projetant sur le groupe funèbre sa lueur mystérieuse.

A côté de celui-ci un autre chef-d'œuvre, le Sépulcre de Saint-Mihiel, par Ligier Richier (F. **103**), va nous montrer la persistance jusqu'à la fin de la Renaissance du programme et de l'esprit légués par les maîtres gothiques ; il ne demandera à l'inspiration italienne qu'un peu plus de distinction.

LA RENAISSANCE

L'œuvre du grand sculpteur lorrain de la Renaissance est ici dignement représentée par le retable de Hattonchatel (F. 102), le Sépulcre de Saint-Mihiel (F. 103), le Transi de Bar-le-Duc (F. 104), la Philippe de Gueldre de Nancy (F. 105), l'Enfant à la Crèche, du Louvre (F. 106), une tête de chérubin (F. 108) et le monument funéraire Dieulewart-Pourcelet de Saint-Mihiel (F. 107). Le retable de Hattonchatel, s'il est bien de Ligier Richier, est une œuvre de sa jeunesse, datée de 1523, et révélant déjà une extrême habileté. Cette habileté ne nuit pas au sentiment et à l'originalité dans les scènes très dramatiques du Voile de Véronique et de la Pâmoison de la Vierge. Le style fait pressentir l'art moderne, tout en gardant des qualités qui se perdront bientôt.

Le groupe principal du Sépulcre a ces mêmes qualités, la Vierge et la Madeleine, mais les soldats et surtout les anges étonnent par leur médiocrité, même par leur gaucherie; il paraît certain que cette œuvre, abandonnée avant son achèvement par l'artiste, que ses convictions protestantes forçaient de s'expatrier, fut terminée et mise en place par des sous-ordres très inférieurs. La composition même a été interpolée : il est évident que, selon l'usage et la logique, les soldats gardiens du sépulcre devaient se tenir à l'entrée du caveau, c'est-à-dire au premier plan : par un contre-sens manifeste, ils se trouvent aujourd'hui relégués au fond. Le moulage qui reproduit

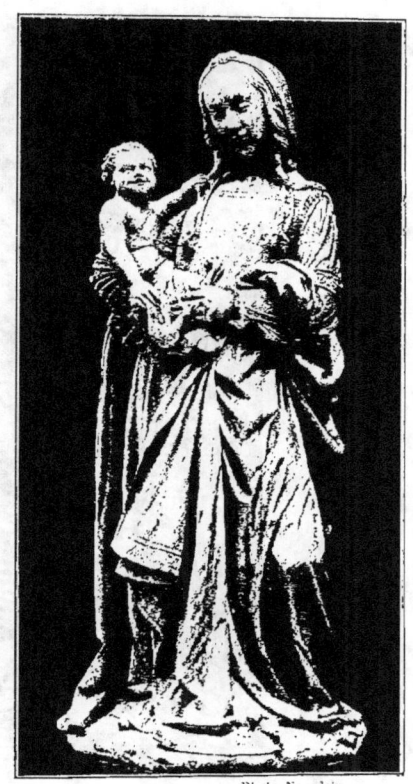

Photo Neurdein.
Fig. 78. — La Vierge de Saint-Galmier.

fidèlement cette interpolation avait été d'abord agencé selon l'ordonnance logique et primitive, et de cette restitution il a été fait une photographie qui, exposée près du monument, permet de comparer.

Le Transi de Bar-le-Duc est un des monuments les plus terrible-

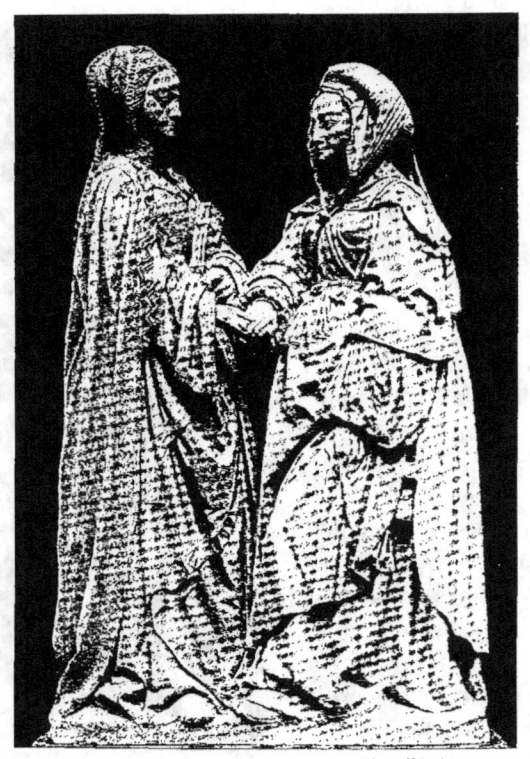

Photo Neurdein.

Fig. 79. — La Visitation. Église Saint-Jean, à Troyes.

ment émouvants qu'ait produits la statuaire. Le réalisme sans merci du xv° siècle avait légué à la Renaissance le goût des représentations macabres, et René de Châlon, comte de Nassau, blessé mortellement devant Saint-Dizier en 1544 fut bien dans l'esprit de son temps lorsqu'il demanda que son effigie funéraire le représentât non tel qu'il était alors, mais tels qu'apparaîtraient trois ans après les restes de son cadavre. Ligier Richier sut être le fidèle interprète de cet horrible programme, mais il sut donner une suprême noblesse au squelette décharné qui, le bras et les orbites levés vers le ciel, offre à Dieu le morceau de chair consumée qui fut son cœur.

Dans la statue gisante de Philippe de Gueldres, l'artiste a su donner au corps émacié, aux mains flétries, au visage ridé de la vieille princesse une dignité sereine et noble qui nous inspire le recueillement qui nous saisirait devant le corps lui-même.

Le goût des tombeaux somptueux n'est pas moins vif qu'à la fin du Moyen Age, et ils suivent plus ou moins la tradition : un baldaquin abrite la statue du défunt élevée sur un socle en forme de sarcophage orné de figurines. Tel est le thème des tombeaux élevés en 1514 au cardinal Briçonnet dans la cathédrale de Narbonne (F. 144) et dans la cathédrale de Rouen aux cardinaux d'Amboise sous la direction de Roullant le Roux (détails F. 214 à 231). Des figurines de priants encapuchonnés continuent d'orner le sarcophage ; dans le tombeau de Rouen, elles se mêlent aux allégories des Vertus, motif d'origine italienne. Le tombeau d'Artus Gouffier à Oyron (F. 153 à 156) suit encore l'ordonnance gothique.

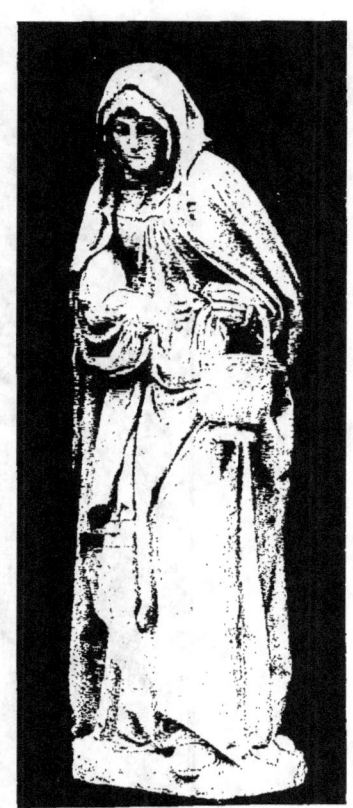

Fig. 80. — Sainte Marthe. Église de la Madeleine, à Troyes.

D'autres rompent nettement avec la tradition : à la cathédrale du Mans, la statue funéraire de Guillaume du Bellay mort en 1543 (F. 124) est assise sur un sarcophage de style tout classique, et ne s'inspire que de modèles antiques : il est travesti, du reste, en guerrier romain, ce qui ne l'empêche pas d'avoir non seulement grande et noble allure mais une expression vivante, aisée et naturelle. Il est intéressant de le rapprocher du Magny de Pierre Bontemps (F. 188).

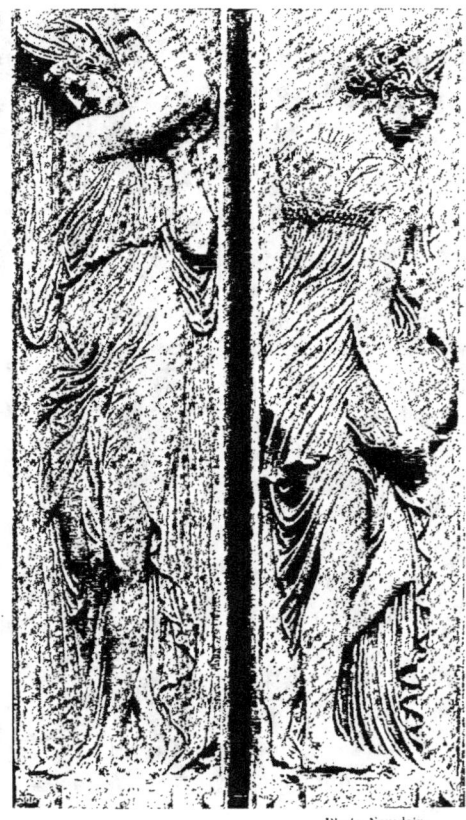

Photo Neurdein.
Fig. 81. — Nymphes de la Fontaine des Innocents, par Jean Goujon.

Le Musée ne possède que quelques bas-reliefs des tombeaux plus fastueux de Louis XII, auquel travaillèrent les frères Juste (F. 263-264) et de François Ier, auquel travaillèrent Pierre Bontemps et François Marchand d'Orléans (F. 268 à 271), à Saint-Denis et du cardinal Duprat à Sens (F. 274 à 277). Ces tableaux sont compliqués et traités suivant la mode italienne en très faible relief. Parfois les scènes d'histoire moderne y revêtent le costume de l'antiquité romaine.

Les vieux thèmes de l'iconographie religieuse, rajeunis au xiiie siècle par l'étude de la nature, puis au xve par un naturalisme plus complet et dépouillé d'idéal, sont renouvelés une fois de plus par l'introduction du goût italien, un retour à la distinction et parfois aussi, trop rarement, par une nouvelle vision sincère de la nature.

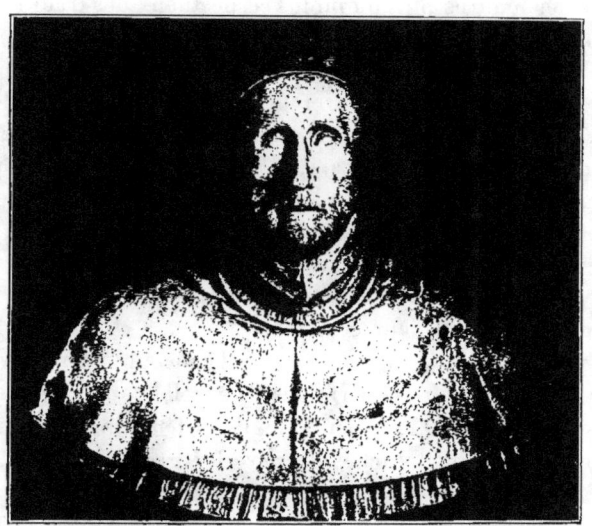

Photo Neurdein.
Fig. 82. — Buste de Philippe de Morvilliers, évêque d'Orléans, par Germain Pilon.

Non moins séduisante que les Vierges gothiques, la Vierge de Saint-Galmier (F. 273, (fig. 78)) appartient franchement au nouveau style ; celle de l'Hôpital-sous-Rochefort (F. 109) moins gracieuse et plus épaisse, a cependant beaucoup d'originalité, de naturel et même de charme ; celles de Villemaur (Aube) et l'Assomption de Saint-André de Troyes (F. 300 et 285) sont d'une grâce beaucoup plus alambiquée. Le maniérisme atteint son comble dans quelques-uns des morceaux qui représentent l'École troyenne (F. 194 à 196 ; 286 à 292 ; 295). Le plus illustre maître de cette École dont MM. J.-J. Marquet de Vasselot et R. Kœchlin ont publié une étude approfondie, est Jacques Julliot, qui peut être l'auteur des bas-reliefs F. 286 à 288.

A côté de ces œuvres dépourvues de simplicité, l'École troyenne a donné de purs chefs-d'œuvre, d'une sincérité admirable comme la Visitation de Saint-Jean (F. 293, fig. 79), ou d'une noblesse sereine, simple et pure comme la sainte Marthe de la Madeleine (F. 294, fig. 80). On ignore malheureusement les auteurs de ces œuvres incomparables.

A côté des maîtres plus ou moins respectueux des traditions et enseignements du passé, nous trouvons en Jean Goujon un novateur qui a su complètement se dépouiller de la tradition gothique et non moins complètement se pénétrer de l'esprit antique et italien pour en déduire un style différent, non moins exquis, et très personnel. On l'a nommé le Phidias français ; surnom plus pédantesque qu'exact. Il a regardé certainement avec amour des œuvres des derniers grecs et des premiers italiens de la Renaissance ; il leur a dérobé le secret de la forme distinguée et du modelé en très bas-relief; il a su éviter la sécheresse des seconds ; imiter la souplesse des premiers, mais il est leur égal et non leur copiste.

Il est un de ces artistes à qui l'on a beaucoup attribué et de qui l'on possède peu d'œuvres certaines. Il excelle dans les figures féminines de basse taille. Les petits anges si féminins du tombeau de Brézé, maladroitement cachés derrière les grandes figures, doivent être de lui à l'inverse du reste du monument ; les figurines allégoriques ou décoratives du socle de retable d'Écouen (F. 67) ont le même charme, et dans les portes attribuées à Goujon à Saint-Maclou de Rouen (F. 234 à 238) quatre figurines de la même manière sont au moins de son école ; devant le reste de ces compositions surchargées et absurdes, nous sommes heureux de penser que les dates ne permettent pas de maintenir l'attribution.

La manière spéciale et la grâce séduisante du maître apparaissent dans toute leur originalité dans les célèbres bas-reliefs de la fontaine des Innocents (F. 159 à 168, fig. 81) et dans une partie de la décoration de l'hôtel Carnavalet (F. 173 à 175). A ce même hôtel appartient un bas-relief (F. 170) où l'on voit un lion poser la patte sur un boulet. J'aurai le courage d'avouer ne rien comprendre à l'admiration qu'a parfois suggéré cette sculpture conventionnelle, incorrecte et molle, qui fait penser à quelque jouet, et j'aime mieux la croire de Paul-Ponce Trebatti que d'en soupçonner Jean Goujon.

Plus que Jean Goujon, Germain Pilon est enclin à transformer la nature, et lorsqu'il traite des sujets religieux ou allégoriques, il s'en éloigne parfois tant qu'il ne nous intéresse plus, mais dans les por-

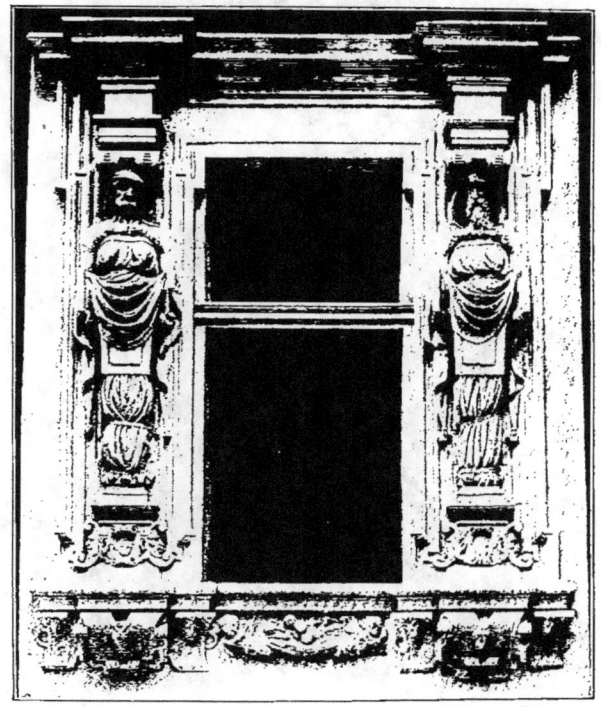

Fig. 83. — Fenêtre de l'hôtel Lasbordes, à Toulouse, attribuée à Nicolas Bachelier.

traits (F. 176 à 178, fig. 82) la nécessité d'étudier et de rendre son modèle lui impose la plus heureuse contrainte ; forcé d'être sincère il devient un merveilleux artiste, ennoblissant la vérité de je ne sais quel charme idéal et subtil. Ce grand artiste jette une dernière lueur au couchant de la Renaissance.

L'architecture civile et sa décoration, trop peu représentées dans

124   LE MUSÉE DE SCULPTURE COMPARÉE DU TROCADÉRO

les périodes antérieures, le sont mieux pour celle-ci. Nous voyons en effet, un ensemble de façade sur cour de l'hôtel Bernuy à Toulouse (F. 282) avec sa légère et charmante galerie supérieure ; une fenêtre (F. 280) de l'hôtel Lasbordes dans la même ville, œuvre originale

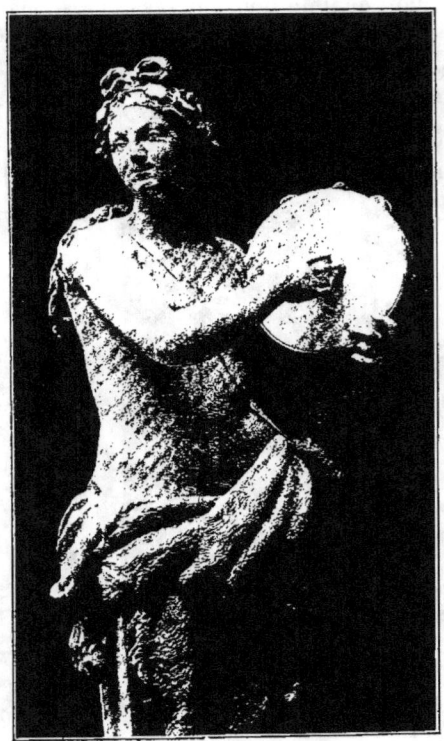

Photo Neurdein.

Fig. 84. — Parc de Versailles. Parterre de Latone. Bacchante, par Dedieu.

flanquée de cariatides de grand style (fig. 83). On l'attribue au célèbre Nicolas Bachelier, ainsi que le détail F. 279 de l'église de la Dalbade ; Caen a fourni de grands morceaux de l'ordonnance sur cour de l'hôtel d'Escoville, (F. 57 à 63) où la statuaire incorrecte, mais de fière allure, joue surtout un rôle décoratif; un chapiteau de l'hôtel de Mondrainville (F. 64), les médaillons assez frustes du Manoir des

Gendarmes (F. *48* à *56*). A Dijon, on a moulé la porte du *Scrin* ou des Archives (F. 82), du maître Hugues Sambin, qui sut donner une harmonie heureuse à ses compositions surchargées et allier le goût à un faible pour le style ronflant.

A l'hôtel Bonnivet à Poitiers (F. *198*) et à l'hôtel Pincé à Angers (F. 7), aux châteaux de Blois (F. 16 à 20), Chambord (F. 65, 66), Châteaudun (F. 80), Écouen (F. *84* à *87*), Pagny (F. *157*), au palais ducal de Nancy (F. 138 à 142), un choix de motifs d'ornement ; deux cheminées à Orléans (maison de la Coquille, F. 146) et à Écouen (F. 87) ; à Rouen, des détails de maisons de bois (F. 245 à 249) ; à Tours, la Fontaine de Beaune (F. 284) exécutée par les neveux de Michel Colombe, Bastien et Martin François ; au château de Montal (F. *125* à *138*), des figurines et la suite des bustes seigneuriaux ; à Riom, les beaux médaillons à bustes décoratifs et les figures des quatre Vertus qui ornent la cour intérieure de l'hôtel du Montal.

Plusieurs des plus jolis morceaux d'architecture religieuse de la Renaissance : à Caen, le chevet de Saint-Pierre et Notre-Dame (F. 44 à 47) et la chapelle de la Vierge à la Ferté-Bernard (F. 96), à Dijon la façade de Saint-Michel (F. 83), ont fourni quelques-uns de leurs meilleurs détails ; à Fenioux, on a moulé un riche et gracieux pilier de chapelle funéraire (F. 93).

VII

LES TEMPS MODERNES, XVIIᵉ-XIXᵉ SIÈCLES

Les xviiᵉ et xviiiᵉ siècles et plus encore le xixᵉ ne figurent au Musée de sculpture comparée que comme un complément : de même que les exemples antiques montrent les origines de l'art du Moyen Age, ceux-ci indiquent quelle fut la suite de l'évolution de l'art après la Renaissance.

C'est encore au style de la Renaissance qu'appartiennent le haut relief de l'Annonciation de Saint-André de Bordeaux (G. 269) et l'œuvre de Prieur, représenté ici par la gracieuse et très pure statue tombale agenouillée de Marie de Barbançon, femme de Jacques-Auguste de Thou (G. 163), enfin, jusqu'en 1719, les mascarons qui

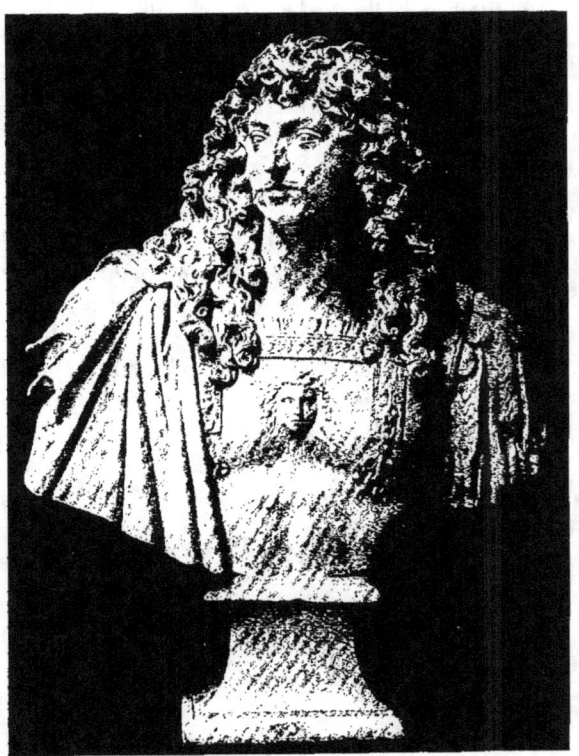

Photo Neurdein.
Fig. 85. — Louis XIV, par Jean Warin.

ornent les miséricordes des stalles d'Obazine en Limousin (G. 268), œuvre originale et archaïque de quelque moine.

Partout ailleurs, l'étude de la statuaire romaine et italienne ont porté leurs fruits : Pierre Francheville, disciple de Jean Bologne, se montre aussi italianisant que lui, sans avoir ses qualités : les têtes des esclaves qui cantonnaient le socle de la statue d'Henri IV sur le Pont-Neuf (F. 189 à 192) peuvent donner une idée de sa manière. Elle vise à la grâce et ne l'atteint qu'imparfaitement, faute de savoir être sincère.

La statue équestre de Lesdiguières à Vizille par Jacob Richier (G. 170) est aussi une œuvre froide, comme l'est également le buste de Henri IV par Barthélemy Tremblay (F. 193), portrait consciencieux.

Les frères Anguier sont représentés, Michel par des morceaux

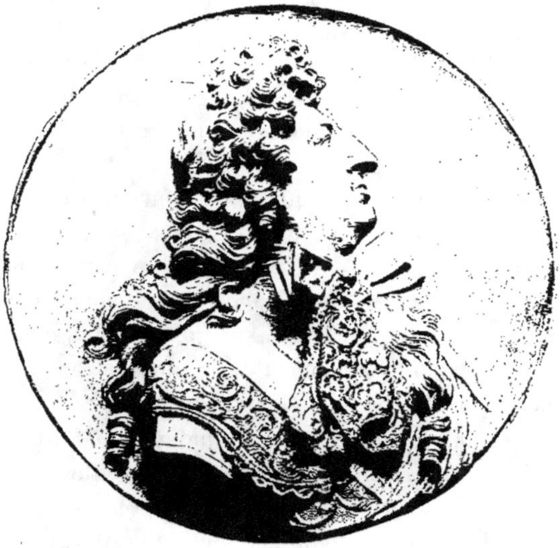

Photo Neurdein.
Fig. 86. — Louis XIV, par Pierre Puget.

des bas-reliefs de la Porte Saint-Denis (G. 3), et Pierre par l'Hercule du mausolée de Henri II de Montmorency à Moulins (G. 1). Ces artistes ont étudié l'art antique plus que l'Italie de la Renaissance, et ce sont quelques-unes des meilleures qualités des modèles qu'ils se sont assimilé ; leur œuvre est vraie, harmonieuse et assez puissante, mais elle a cette rondeur de formes qui sera désormais commune à toute la sculpture.

Les bas-reliefs des quatre Vertus par Jacques Sarrazin (G. 179 à 182), ornaient le tombeau du cœur de Louis XIII. Le sujet est une tradition de la Renaissance ; le style est tout différent. Une série de petites études d'enfants par Duquesnoy (G. 138) permet d'apprécier la science de cet artiste spécialisé dans l'étude des enfants.

La décoration de Versailles (G. 188 à 267, fig. 84) tient à juste titre une place prépondérante dans les salles des xvii° et xviii° siècles.

Les grandes œuvres de tous les temps sont les monuments du culte ; la grande œuvre du xvii° siècle, c'est Versailles, car la France s'est si bien étudiée à devenir la Rome antique qu'elle adore officiellement Auguste. A Versailles convergent, comme jadis vers les cathédrales, toutes les ressources pécuniaires et tout l'effort artistique d'un peuple. Si le résultat est différent, c'est que l'idéal est moins haut ; si, dans toute l'œuvre, l'absence de la sincérité se fait péniblement sentir, c'est que le Dieu qui l'inspire est un faux dieu.

Sans être des aigles, nous pouvons aujourd'hui regarder en face ce roi-soleil, et nous le voyons ici sous deux aspects dont la divergence ne laisse pas d'être instructive. L'un est un buste officiel (1667 G. 187, fig. 85) de Jean Warin, un des médailleurs les plus admirables de tous les temps et qui sut, jusque dans le panégyrique, garder le goût, voire même l'aspect de la modération. L'autre est un médaillon de Pierre Puget, provincial, au tempérament fort et mal discipliné, aussi habile en son art que maladroit à flatter (fig. 86).

Le portrait est la grande ressource des époques qui n'ont plus d'idéal sincère, et le portrait, sous Louis XIV comme sous les Césars, s'est élevé à un haut degré de noblesse et de vérité. Il avait pourtant contre lui ce mélange de travestissement à l'antique et de préciosité disgracieuse qui empoisonne l'art, la littérature et la mode du xvii° siècle. Le Louis XIII et le Richelieu de Jean Warin (G. 185, 186) sont d'admirables portraits, mais il faut encore plus admirer dans son Louis XIV (G. 187, fig. 85) le tact avec lequel il a su tirer une expression de majesté d'éléments plutôt faits pour produire l'effet burlesque, l'alliance monstrueuse du travestissement romain et de l'extravagante perruque, rapprochement qui fournit précisément la note comique chez Scarron et dans certaines de nos opérettes. Admirons aussi le tact avec lequel il concilie la ressemblance et l'idéalisation de son héros, fait accepter la flatterie en y mêlant une grande dose de vérité. L'expression de satisfaction et de vigueur est certainement

exacte ; la distinction et l'expression
d'intelligence allaient-elles jusque-là?
Nous en pouvons douter, et il est
d'autres traits de caractère du monar-
que que le buste ne révèle pas, et
qu'indique, par conscience sans doute
plutôt que par malice, le médaillon
non travesti de Puget (G. 167, musée
de Marseille, fig. 86).

En exécutant le buste de Condé (G.
89), Coysevox n'avait pas assumé une
tâche moins difficile et c'est par une
toute autre voie qu'il l'a menée à bien.
Il a pris un vrai plaisir à rendre avec
une exactitude impitoyable la tête de
vautour de son héros, mais il a su
donner à cette laideur tant de vie, à
cette perruque et à ce travestissement
de romain une allure à la fois si pittoresque et si juste que l'on est captivé.

Emphatique et pompeux jusque
dans le portrait, l'art du xviie siècle
daigne rarement reproduire ce qu'il
voit ; toutes ses préférences vont à
l'allégorie, et ses figures allégoriques
sont beaucoup plus irréelles que celles
de l'Antiquité et du Moyen Age.

C'est une étonnante et bien exquise
conception que ce bas-relief des baigneuses qui, officiellement, sont des
nymphes mais qui, par bonheur, l'ont
si bien oublié, et dont Girardon a orné
la fontaine de Diane du parc de Versailles (G. 157, fig. 87).

Elles sont la plus gracieuse pièce
de la salle moderne de l'aile de

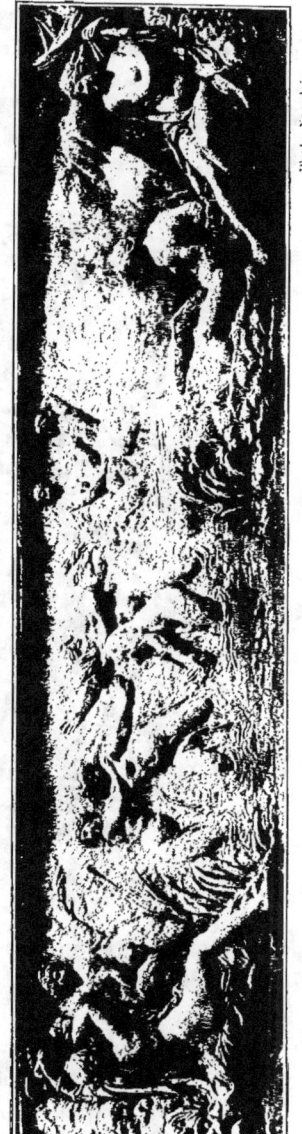

Fig. 87. — Parc de Versailles. Baigneuses de la Fontaine de Diane, par Girardon.

Paris, et l'œuvre la plus aimablement sincère de l'élégant disciple de Le Brun. Exemptes de froideur ou de mièvrerie, jolies et vraies, groupées avec aisance et naturel, elles témoignent d'un goût bien rare pour l'époque, et qu'on ne trouve pas au même degré dans l'Enlèvement de Proserpine (G. 267, p. 9) du même auteur. Ce groupe

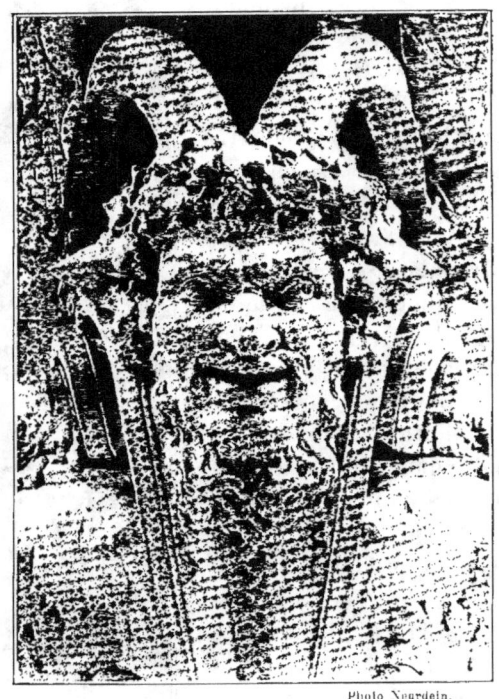

Photo Neurdein.
Fig. 88. — Détail d'un vase du parc de Versailles, par Coysevox.

d'une silhouette gracieuse mais d'une prétentieuse emphase, exécuté en 1699, a encore le défaut de répéter la formule de Jean Bologne dans la Sabine de Florence.

C'est dans un style tout aussi théâtral, mais plus agréable parce que les figures sont en bas-relief et de petite échelle, que Coysevox (G. 259) et Tuby (G. 260) ont compris la décoration des grands vases de marbre du parc de Versailles. Le premier a représenté, entre des anses ornées de têtes de satyres pleines d'expression (fig. 88) et de vie, les allégories de la victoire des Hongrois sur les Turcs et de la soumission de l'Espagne à la France; Tuby a figuré les traités de paix de Nimègue et d'Aix-la-Chapelle.

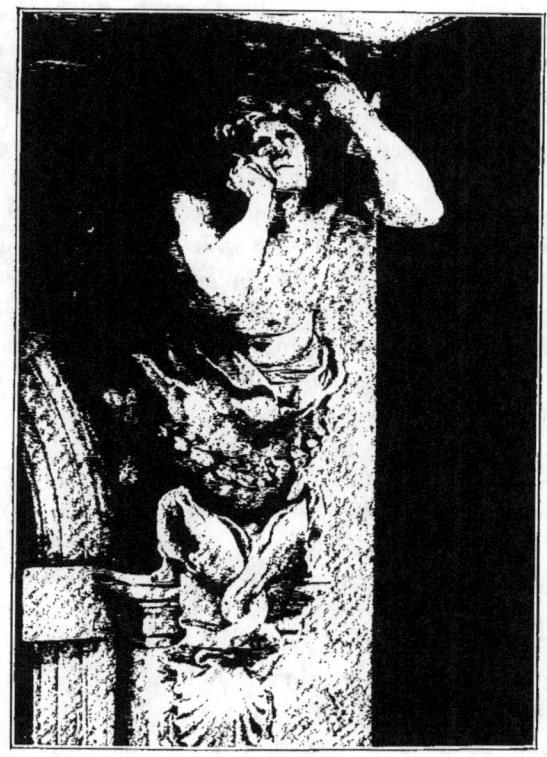

Photo Neurdein.
Fig. 89. — Cariatide du balcon de l'Hôtel de Ville de Toulon, par Pierre Puget.

La porte de l'Hôtel de Ville de Toulon (G. 164), avec les énergiques cariatides de Pierre Puget (fig. 89), est une des pièces les plus justement admirées du Musée. Elles datent de 1655 à 1657. Puget avait alors travaillé à Gênes et à Florence; dans deux séjours à Rome, il avait reçu les leçons de Pierre de Cortone et étudié les antiques ; ses cariatides comme son Milon sont les œuvres de la maturité de ce talent puissant. Elles montrent que les habiletés apprises à Gênes et les leçons de Pierre de Cortone n'avaient pu lui faire oublier ses devoirs d'artiste envers la nature, et certainement les portefaix des quais, raidissant leurs muscles nus sous le soleil, ont été les modèles sincèrement étudiés de ses cariatides.

De telles œuvres font pardonner les désagréables exagérations d'attitudes dont le petit saint Ambroise (G. 169), fait pour une église de Gênes, est un exemple, malheureusement non unique, car à ses heures Puget fut un Bernin français.

La décoration architecturale du règne de Louis XIV est représentée par quelques morceaux choisis : torchères, gaines (G. 192, 193, 263, 264), cheminée du Salon d'Hercule (G. 190, 191) et boiseries (G. 188, 180) de Versailles ; boiseries du chœur de Notre-Dame de Paris (G. 132 à 136) par Jules Dugoulon. Les trophées et attributs sculptés par Girardon, Mazeline et Guérin (G. 204 à 246) sont de bons exemples de ce genre de décoration ; les termes d'Hercule par Lecomte (G. 247) et de la bacchante par Jean Dedieu (G. 248, fig. 84) sont d'excellentes statues décoratives ; les groupes d'enfants (G. 254 à 258) par Legros, Lerambert, Van Cleve et autres ne peuvent ici donner l'agréable effet qu'ils produisent en bronze, en plein air et dans leur cadre de verdure. Il en est de même des figures couchées de fleuves, rivières et nymphes par Coysevox (G. 249, 250) et Magnier (G. 251, 252), figures un peu molles et veules, auxquelles, en bonne foi, on ne pouvait exiger que l'artiste sût donner une expression, leur rôle étant vide de toute pensée. C'est un peu aussi le cas du Mercure du fronton de la Romaine de Rouen (G. 85). Tout le talent de Nicolas Coustou ne peut sauver la platitude du sujet.

Un des morceaux qui plaisent le plus, et l'un de ceux qui, dans le Musée, font incontestablement le plus d'effet, est le groupe des chevaux du Soleil, (G. 159, fig. 90) sculpté par Robert Le Lorrain (1666 † 1743) sur la façade des écuries de l'hôtel de Rohan. Élève de Girardon et pensionnaire de Rome, cet artiste alliait à un génie original l'entente de la composition décorative et de l'effet, et son très brillant morceau montre bien l'aboutissement de l'éducation du xviie siècle.

On a fait table rase de tout l'enseignement des ancêtres ; le sujet est emprunté à des fables de peuples et de temps reculés, fables que les lettrés sont seuls à connaître, et auxquelles nul ne croit plus depuis mille ans passés. Quant à la composition, elle ne tient nul compte ni de l'appareil, ni même des lignes de l'architecture ; deux pilastres flanquent une porte et sont ornés de bossages, sans que ces dispositions aient d'autre utilité que de produire un certain

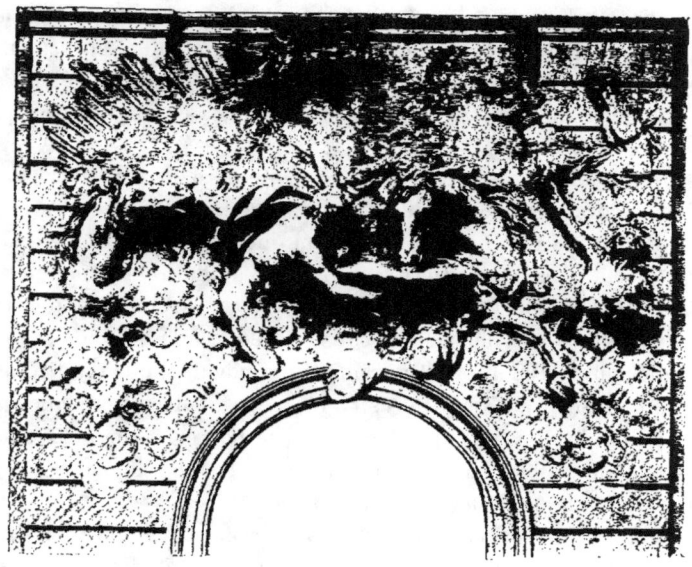

Photo Neurdein.
Fig. 90. — Décoration de la porte des écuries de l'hôtel de Rohan. par Robert Le Lorrain.

effet ; le groupe décoratif passe devant cette architecture sans en avoir le moindre souci ; c'est comme une apparition qui s'interpose entre le monument et le spectateur. Il n'a pas fallu au sculpteur une médiocre habileté pour faire admettre, que dis-je, pour rendre agréable à l'œil une donnée aussi absurde et un thème dont la moindre réflexion montre tout le ridicule.

Les chevaux du Soleil sont vus en raccourci entre le mur et nous ; ils se livrent à une fantasia digne de quadrupèdes surnaturels, et comme l'écurie où ils vont se rendre est sous-marine, c'est dans une de ces grandes coquilles, que nous avons l'habitude de voir servir de bénitiers, que leur palefrenier leur présente à boire. Le palefrenier, entièrement nu et assez vulgaire, pourrait être Apollon lui-même. Des nuages complaisants empâtent tout le groupe pour en cacher les parties trop difficiles à traiter, car, pour pousser jusqu'au bout le défi au bon sens, l'artiste a sculpté dans la pierre les rayons du soleil et les vapeurs impalpables qu'ils dégagent.

Le xviii° siècle, admirateur du xvii° et héritier de ses traditions, fut aussi précieux, mais d'esprit plus libre et plus chercheur; il fut souvent plus adroit et ne réussit point à être aussi solennel. C'est par l'élégance que se recommandent celles de ses œuvres qui sont bien venues.

Ce n'est point la sculpture, c'est l'architecture ou plutôt la composition décorative que l'on admire dans la fontaine du Gros-Horloge de Rouen (G. **131**, fig. 92). Cette fontaine date du deuxième quart du xviii° siècle; l'architecte De France en est l'auteur, et l'académicien De Boze a fourni le thème du bas-relief. C'est Aréthuse apportant au fleuve Alphée le tribut de ses eaux, allusion à la reconnaissance de la ville pour le duc de Montmorency-Luxembourg, qui avait refusé d'elle un présent de 3 000 livres. Dans cet édicule pittoresque qui garnit un angle de rue, l'architecte a eu le bon esprit de mettre ses lignes et son échelle en harmonie avec celles de l'horloge de la Renaissance à laquelle la fontaine se relie.

Ses pilastres, bossages, congélations, mascarons, trophées et ornements végétaux sont délicats; mais on n'en saurait dire autant du groupe qui forme comme un retable en haut relief, et des Amours de son couronnement; ces figures gauches et mal dégrossies sont des œuvres provinciales; avec la Renaissance finit le temps où les provinces, riches d'autonomie et d'initiatives, savaient égaler ou surpasser Paris.

Une autre fontaine de même style mais de toute autre forme est moulée en regard, c'est la fontaine de Neptune à Nancy par Guibal, et il faut avouer que le moulage lui est très défavorable (**G. 143**). L'original occupe un des angles d'une place, en regard de la fontaine de Flore; toutes deux s'encadrent dans des arcs de triomphe en treillage de ferronnerie et ont des arbres pour fond. Cet ensemble est charmant et d'une tenue harmonieuse ; isolée, la fontaine de Neptune ne montre plus que ses défauts : sur un rocher, tout à fait conforme à la plastique des ateliers de confiseurs, s'étale

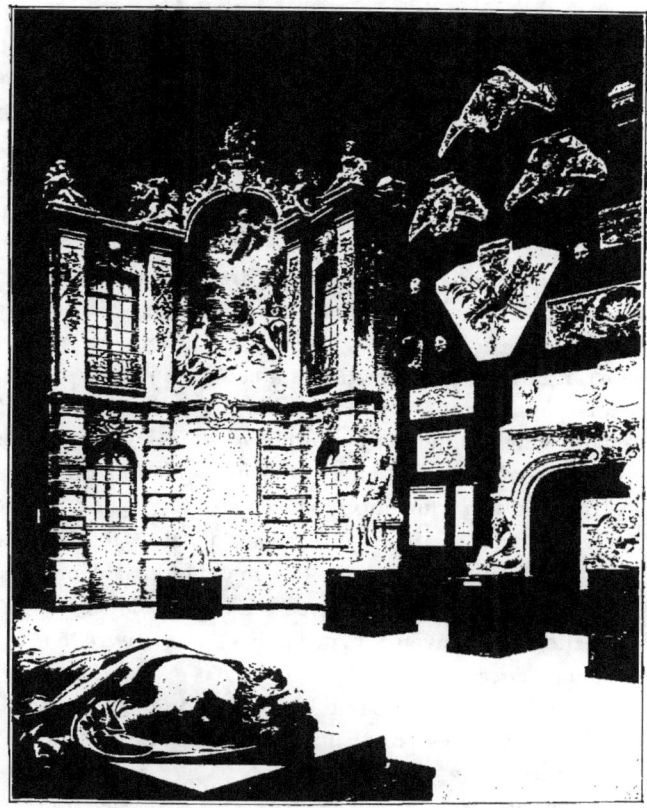

Photo C. Enlart.
Fig. 94. — Salle moderne de l'aile de Passy. La Fontaine du Gros-Horloge, à Rouen.

une coquille. Non seulement démesurée mais déformée pour laisser couler l'eau, elle a pris l'aspect d'une chose molle et pourrie ; trois figures nues, l'une debout, l'autre couchée, toutes rondes, molles, conventionnelles, stupides d'expression, vides de pensée, jouent sans conviction les rôles de Neptune, d'un Fleuve et d'une Rivière.

Passons, et reposons-nous la vue sur les ornements de la Bibliothèque nationale qu'a dessinés Robert de Cotte en 1733 (G. **33** à **84**).

Les moulages proviennent de la décoration de la galerie Mazarine, de la cour et de la décoration intérieure de l'ancien Cabinet des Médailles. Aux baies de la cour, les clefs des arcs sont ornées de mascarons aussi variés que gracieux et spirituels. De fines têtes de parisiennes, observées et rendues par le sculpteur, sont les mêmes qui nous charment aujourd'hui, et tout le charme de ces jolis minois a passé dans la pierre, vivifiant d'un rayon de sincérité les conventions laborieuses du décor architectural.

La décoration en stuc du Cabinet des Médailles, aujourd'hui transformé en agence de l'architecte et menacé de démolition, comprenait quatre tympans en cul-de-four et en anse de panier au-dessus de chaque fenêtre, et dans les trumeaux, des retombées de trophées enrubannés.

On pourrait faire bien des critiques à cette architecture : d'abord, les tympans pleins des fenêtres retiraient un jour nécessaire à une salle d'étude, puis les délicates sculptures de ces tympans sont en pleine ombre ; enfin elles sont d'une échelle menue qui jure avec celle des trophées des trumeaux, mais ce style de Louis XV ne vise qu'à la grâce, et ici il l'atteint. Les médaillons des Quatre Arts sont d'une grâce charmante, et l'on ne peut que déplorer la décision administrative qui, en condamnant l'ancien Cabinet des Médailles, a voué à la destruction un souvenir historique et une œuvre d'art d'une élégance toute française.

Parmi les jolis modèles du style Louis XV, on peut admirer aussi dans la salle de Passy les panneaux de l'hôtel de Soubise avec leurs gracieux encadrements.

Dans la statuaire, le sentiment, très vague au siècle précédent, devient individuel et parfois même intime. L'idéal comporte moins de dignité et plus de grâce ; la sensibilité est à l'ordre du jour, mais on ne recherche guère les émotions que pour le plaisir qu'elles donnent ; on les veut douces ; on ne les obtient guère que frivoles. Gens de goût et aimables gens, les sculpteurs du xviiie siècle ont travaillé au plaisir de nos yeux.

La Psyché (G. **160**) de Pajou (1730-1809) pleure l'Amour envolé comme le pleuraient parfois les jolies mondaines de son temps, un temps où on aimait les larmes parce qu'elles étaient plus faciles qu'amères, et nos yeux se reposent d'autant plus agréablement sur ses grâces que nous sommes sans inquiétude ; le dieu aux ailes de papillon ne tardera pas à revenir sécher ses pleurs.

Et s'il fallait démontrer que la pudeur est une coquetterie, la Bergère surprise au bain, que Jullien avait exécutée pour la laiterie de Trianon, en serait une agréable preuve (G. 157).

Moins troublante en sa nudité complète, la Diane d'Houdon (G. 145, fig. 92) restera un type classique de l'élégance féminine, immortalisant la beauté distinguée de Mlle Oudéoud ; chez Clodion (Claude Michel, de Nancy), la sculpture a quelque chose de plus charnel et de plus vivant, tout en se rapprochant de l'antique, mais de l'antique familier, dont l'artiste a aimé et étudié les figurines. Il a aimé non moins la nature vivante, et ses Quatre Saisons (G. 25 à 28 fig. 93), panneaux de haut relief qui décorent une façade de la rue de Bondy, le petit groupe, nymphe, satyre et enfant (G. 28), la procession païenne

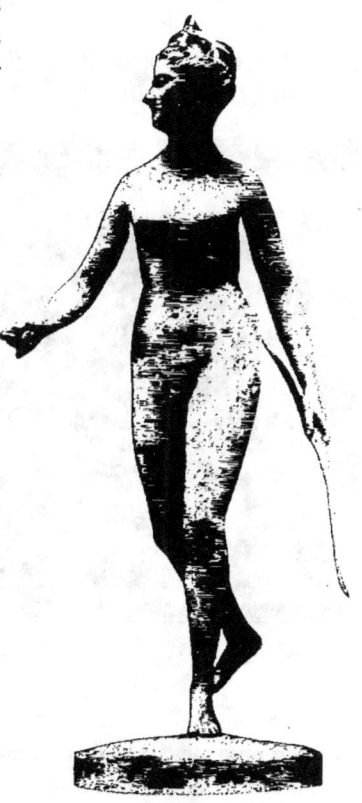

Photo Enlart.
Fig. 92. — Diane, par Houdon.
Bronze, musée du Louvre.

(G. 30) témoignent du goût avec lequel il sut répandre un parfum de poésie antique et bucolique sur des études poussées avec amour.

Un des retables de l'ancien jubé de la cathédrale de Rouen (G. 31), le Martyre de Sainte-Cécile (1771), montre l'artiste cherchant à se dégager de la partie sensuelle de son tempérament ; il lui reste

138 LE MUSÉE DE SCULPTURE COMPARÉE DU TROCADÉRO

quelque mièvrerie, beaucoup d'élégance et d'habileté, et sa manière semble ici plus conventionnelle. Le bas-relief, très joli cependant, montre qu'il a mieux fait de ne traiter qu'exceptionnellement les sujets religieux.

Il en fut de même de Houdon, qui pourtant a créé dans son colossal saint Bruno de Rome (G. 144), une œuvre magistrale. Bouchardon a également abordé les sujets sacrés et profanes et ses

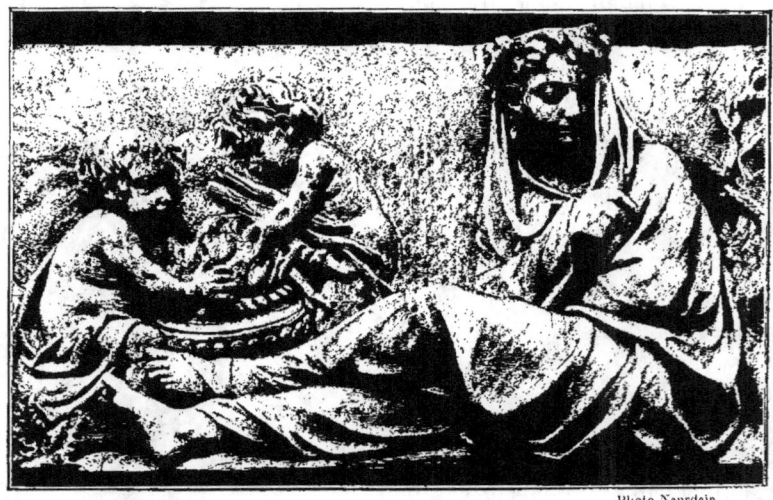

Photo Neurdein.

Fig. 93. — L'Hiver, par Clodion. Maison rue de Bondy.

Quatre Saisons de la fontaine de la rue de Grenelle (G. 8) sont une œuvre pleine de style et d'aimable poésie. Il est intéressant de les comparer à celle de Clodion, de qui les saisons sont femmes, tandis qu'ici, ce sont des groupes d'enfants.

Un essai curieux et assez heureux de pastiche, fait avant que l'archéologie fût de mode, est la naïade dans le style de Jean Goujon que Pajou ajouta à la fontaine des Innocents (G. 161). M. Le Monnier a montré comment il s'est inspiré des figures de Jean Goujon qui ornent la cour du Louvre.

Le triomphe de la sculpture du xviiie siècle est peut-être le portrait. Le musée possède un choix de bustes de Caffieri (Rotrou

LES TEMPS MODERNES

G. 12, fig. 94, J.-B. Rousseau G. 13, Van Cleve G. 14), de Nicolas et Guillaume Coustou, de Defernex (Mme de Fonville G. 130), de Houdon (Franklin G. 148, J.-P. Jones G. 149 fig. 95, Mirabeau G. 151, Voltaire G. 153, 154, marquis de Méjanes G. 154 *bis* Médaillon des frères Montgolfier G. 151, Inconnu G. 155) qui sont

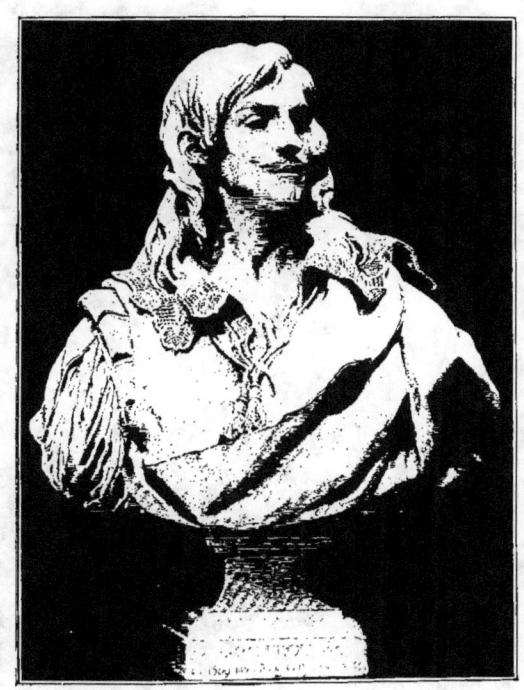

Photo Neurdein.
Fig. 94. — Rotrou, par Caffieri. Comédie-Française.

de pures merveilles; le buste anonyme d'une inconnue du musée de Nevers, peut-être Mme Roland (G. 273, fig. 96) ne le cède en rien aux meilleurs d'entre eux.

Quelques œuvres de la première moitié du xixe siècle forment la conclusion de ce tableau historique de la sculpture française.

D'un caractère très classique, très probe et très froid est le plus souvent la statuaire de cette période, représentée par les portraits de David d'Angers (G. 92 à 128), le Marceau de Dumont (G. 137), l'Homère de Roland (G. 171), l'Amour au papillon de Chaudet (G. 24), la Salmacis de Bosio (G. 7), le bas-relief étonnam-

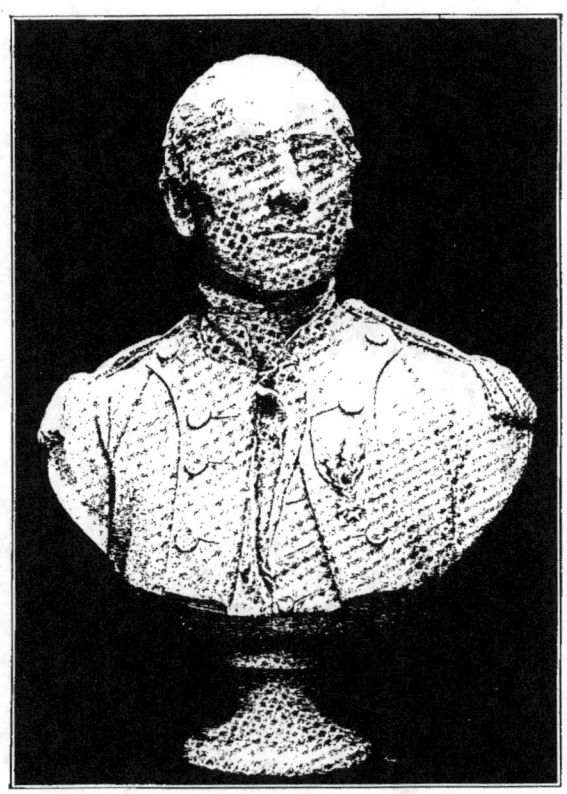

Photo Neurdein.
Fig. 95. — L'amiral John Paul Jones, par Houdon.
Académie des Beaux-Arts, à New-York.

ment grec de Giraud, Ethra et Phalante (G. 142). Rude pratique la même manière dans sa décoration du château de Tervueren (Méléagre, G. 172 ; Achille et Chiron G. 173), mais bientôt son génie dégèle la matière et lui insuffle une vie héroïque dans les figures de l'Arc de triomphe, la Marseillaise (fig. 97); le départ des Volontaires (G. 176, 177). La grâce pure et vivante du petit pêcheur napolitain

(G. 175), le gisant tragique et sublime du tombeau de Godefroy Cavaignac (G. 178) donnent des impressions aussi variées que profondes et que toute définition exprimerait insuffisamment.

Très nourri de la beauté grecque, mais plus épris encore des grâces de ses contemporaines, Pradier a tenté de les unir dans des œuvres aimables trop admirées en leur temps; trop décriées depuis, car il y a fixé avec amour et non sans vérité, ni sans poésie une phase de l'évolution sans cesse renouvelée de la beauté féminine. L'Atalante (G. 162) représente bien le style de cet artiste, qu'il sera un jour à la mode d'admirer de nouveau.

Plus puissante, plus originale, plus variée, plus vivante et plus sincèrement vraie, l'œuvre de Carpeaux termine comme une apothéose cette histoire de notre sculpture.

Le Musée a la bonne fortune de posséder des maquettes originales du maître, faites pour la décoration du pavillon de Flore (G. 15 à 20, groupe du fronton; Flore; enfants.

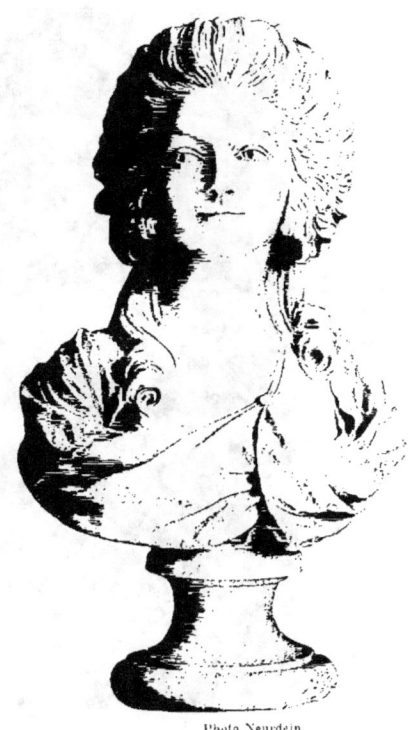

Photo Neurdein.
Fig. 96. — Buste d'une inconnue.
Musée de Nevers.

Il semble que la Révolution, en affranchissant la pensée humaine de tous les autres jougs, lui ait imposé en matière d'art un dogme étroit. Lorsque s'ouvre le xixe siècle, il n'y a plus de salut en dehors de l'imitation servile et limitée de l'Antiquité comprise à la façon étroite de David, de Canova et de Thorwaldsen; l'art se fige et se glace alors, mais l'âme des artistes ne peut longtemps rester impassible devant la nature, et les Galathées de Pradier recommencent à palpiter, tandis que le ciseau de Rude fait couler la vie à flots dans ses créations puissantes et variées. La nature tout entière est de nouveau comprise; l'art de l'animalier devient un grand art et révèle des beautés de forme et de sentiment insoupçonnées (Lion et

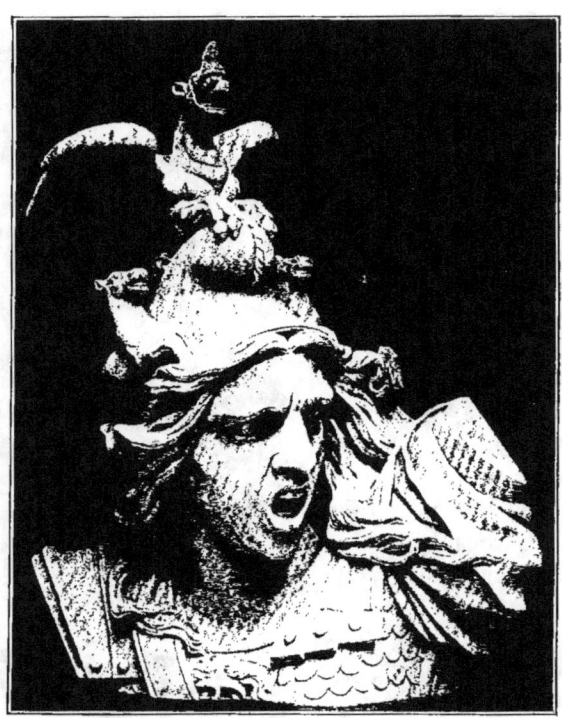

Fig. 97. — Tête de *la Marseillaise*, par Rude. Arc de triomphe de l'Étoile.

Jaguar, de Barye, G. 4, 5 — Chien, par Giraud, G. 141). Carpeaux ose aimer la nature sans réserve et la rendre sans réticence, et la poésie qui se dégage de son œuvre n'en est que plus intense. Pendant que la sculpture s'affranchissait si brillamment, la pensée pénétrante, la logique inflexible et l'éloquence d'un Viollet-le-Duc faisaient justice des superstitions qui au lendemain de la Renaissance ont commencé de mener l'architecture à sa perte. Il ne m'appartient pas d'apprécier ce qu'est l'art d'aujourd'hui, ni de prophétiser ce que sera celui de demain, mais il est permis d'affirmer que le Musée de sculpture comparée peut fournir à nos artistes un trésor d'enseignements précieux et de suggestions fécondes.

VIII

LA SCULPTURE ÉTRANGÈRE

LES MODÈLES D'ARCHITECTURE. — LES RELEVÉS DE PEINTURES
LA COLLECTION DE VITRAUX

La galerie extérieure de l'aile de Paris (fig. 98) présente, époque par époque et pays par pays, des exemples de sculpture étrangère qu'il est intéressant de rapprocher des monuments français et flamands exposés dans la galerie principale.

Les exemples romans commencent par un groupe de portails des églises de bois de la Norvège à Urnes, Sauland et Flaa. Ces monuments très originaux, dont les dispositions générales semblent d'inspiration byzantine, ont autour de leurs portes de très riches encadrements à rinceaux enchevêtrés mêlés d'animaux fantastiques. C'est la persistance des motifs d'encadrement des manuscrits carolingiens, et ces arabesques ne sont pas, du reste, sans analogie avec celles qui ornent certains montants de nos portails du XIIe siècle, à Saint-Denis et à Chartres par exemple. Ils ressemblent plus encore aux ornements de l'art irlandais, aussi a-t-on rapproché des portails norvégiens deux croix de cimetières de l'île de Man.

Les monuments d'Angleterre ne sont représentés que par des photographies, et le style roman germanique par un trop petit nombre d'exemples : des chapiteaux de Bonn et autres détails d'ornement; la statue gisante de Rodolphe de Souabe († 1050) à Mersebourg, œuvre de bronze coulé d'une remarquable beauté; bas-reliefs de la cathédrale de Bâle, inspirés de sarcophages antiques.

La sculpture romane espagnole est insuffisamment représentée, elle aussi, par la Vierge de Majesté de Sahagun, œuvre assez lourde, et par des détails du porche de la Gloire de Compostelle, exécuté en 1180 sous la direction d'un maître *Matheus*, de qui l'on ignore la nationalité. La statuaire et l'ornementation des montants ont quelque analogie avec le portail royal de Chartres, et le parti original de sculpter dans les claveaux des figures en haut relief assises perpendi-

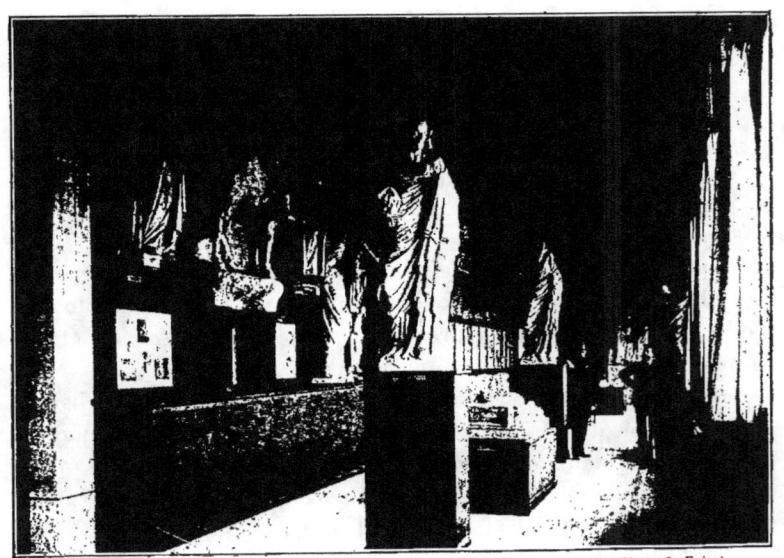

Fig. 98. — Galerie extérieure, côté de Paris. Sculpture allemande du xiiie siècle.

culairement aux voussures se retrouve à Sévignac (Basses-Pyrénées).

Les œuvres étrangères du xiiie et du xive siècle montrent partout l'influence de l'art français.

A Bamberg, où les clochers de la cathédrale imitent ceux de Laon, nous voyons l'évidente inspiration de la statuaire de Reims dans les figures de la Vierge et de sainte Élisabeth, de l'empereur Henri II, de l'Église et de la Synagogue, tandis que les figures superposées des Apôtres et des Prophètes continuent la tradition romane et germanique. La belle statue équestre de Conrad III (fig. 99) évoque aussi le souvenir des effigies royales de Reims; à Naumbourg, une statue funéraire d'évêque et les figures de deux nobles bienfaiteurs sont des interprétations moins proches du style français, et le tympan de la cathédrale de Lübeck est plus germanique encore.

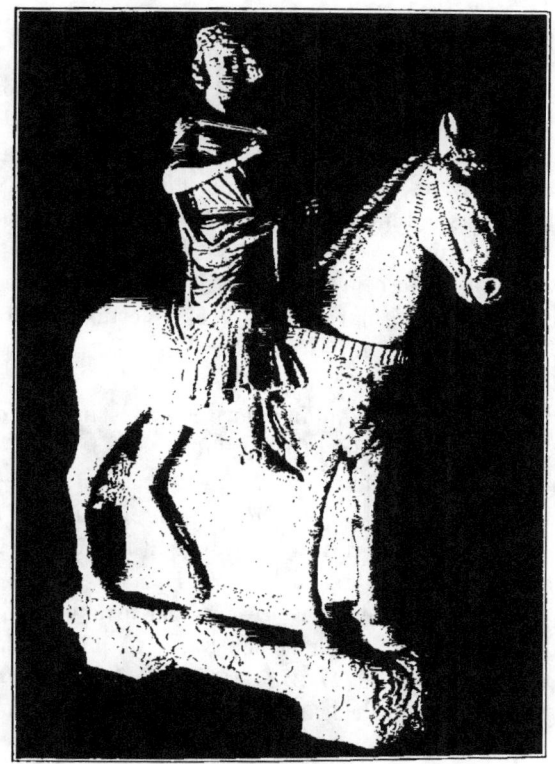

Photo Neurdein.
Fig. 99. — Cathédrale de Bamberg. Conrad III.

Dans la galerie centrale de Passy, les fonts baptismaux d'Hildesheim (**10**) ornés d'une abondante iconographie, témoignent de l'habileté des fondeurs de bronze.

Il est regrettable que le Musée ne possède aucun échantillon de la sculpture romane italienne.

Pour le XIIIe siècle italien, il n'a que deux des bas-reliefs de la chaire de la cathédrale de Sienne (I. 118, 119) exécutés entre 1265 et 1268 par Nicolas de Pise assisté de son frère Jean et de ses élèves Arnolfo di Lapo et Donato. On sait que ces artistes ont étudié à la fois les modèles antiques et ceux des maîtres gothiques français, qu'ils ont quelquefois pastiché presque complètement. Les bas-reliefs exposés ici s'inspirent surtout de l'art des sarcophages de l'Antiquité romaine.

Pour le xive siècle, des panneaux (I. 120, 124) de bronze de la porte sud du baptistère de Florence, œuvre d'André de Pise entre 1330 et 1339. Des figures d'un beau style s'encadrent dans des quatre-feuilles comme sur les jambages des portails de Lyon, Avignon et Rouen. Elles représentent des scènes de l'histoire de saint Jean-Baptiste et des Vertus.

Une œuvre d'Orcagna représente aussi dignement cette période. Ce sont les figures de marbre des trois Vertus théologales au tabernacle de l'oratoire Saint-Michel de Florence (1349 à 1359 — I. 125 à 127).

Cet art de la Toscane se combine alors avec des influences venues du Midi de la France et de l'Orient latin pour former l'art plus curieux qu'aimable du royaume de Naples. Il est ici représenté par deux bas-reliefs : le *Christ au tombeau*, du monument funéraire d'Agnès de Périgord, impératrice de Constantinople I. 128) et les anges emportant l'âme de Marie de Duras (I. 344 I. 129).

L'art suisse du xiiie siècle est représenté par les magnifiques têtes de lions de bronze qui forment heurtoirs au portail sud de la cathédrale de Lausanne (I. *217-218*). Il est regrettable que l'on n'ait pas moulé un échantillon de la belle statuaire de ce même portail.

A la cathédrale de Bâle ont été moulés deux groupes du xive siècle, placés dans la galerie centrale, près du puits de Moïse. L'un est un saint Georges à cheval (1219) de grandeur naturelle terrassant le dragon d'un grand coup de lance ; cette figure un peu rude de chevalier est certainement d'une belle allure.

L'autre groupe (I. 220, 221) est un type de vulgarité tudesque et une réplique du groupe de la Tentation beaucoup plus élégant et mieux dessiné qui se voit au grand portail de Strasbourg.

Le tentateur, sous la forme d'un jeune homme élégant, adresse ses agaceries à la femme perdue, et leurs sourires se répondent. Le vêtement de l'homme est fendu par derrière et montre une petite gueule d'Enfer vomissant des flammes et des reptiles qui attisent en lui le feu des désirs charnels. La femme ouvre son corsage.

L'Angleterre possède quelques spécimens d'une très belle statuaire du XIII° siècle, française d'inspiration, mais d'une interprétation originale, à la façade de Wells, au portail sud et au chœur des Anges de Lincoln ; elle a, surtout dans la sculpture sur bois de ses stalles, un riche trésor de délicates figurines du XIV° siècle. De ces œuvres, le Musée ne possède malheureusement jusqu'ici que des photographies ; en fait de moulages, un très bel écoinçon de l'église de Stone (Kent) et un chapiteau de Westminster témoignent de la complète adoption en Angleterre du style décoratif spécial à la Normandie. Ce style est presque aussi universellement adopté alors en Norvège, mais dans les parties gothiques les plus anciennes de la cathédrale de Throndjem, il se mélange de quelque influence germanique, comme le montre un détail de chapelle du chœur de cette église.

Nous voyons le style gothique élégant du XIV° siècle se répandre assez uniformément dans toute la chrétienté : deux figurines tombales de Cedralbes en Catalogne ; une autre de Nicosie de Chypre en sont de bons spécimens.

Combien complète, importante, heureuse et parfois lointaine fut l'exportation du style gothique français, nous le voyons par une série de dessins, d'aquarelles et de photographies des monuments de Chypre exposés dans six cadres.

La meilleure architecture et la meilleure sculpture française de 1200 à 1315 s'épanouissent dans la cathédrale de Nicosie ; celle de Famagouste et l'abbaye de Lapaïs sont des modèles parfaits de l'art du XIV° siècle ; les modèles procèdent jusqu'au milieu du XIV° siècle, des Écoles française et champenoise, et depuis de celle du Midi de la France ; quant à la peinture murale, elle est siennoise et exécutée à fresque comme à Avignon et à Prague.

A Prague, l'art gothique du Midi de la France, importé alors d'Avignon par Mathieu d'Arras, fut bientôt supplanté par l'art germanique et c'est à l'École germanique qu'il faut rattacher la curieuse statue équestre en bronze de saint Georges, exécutée à la fin du xive siècle par Georges Kiss de Kolosvar pour la fontaine de la cour d'honneur du château.

L'École allemande du xve siècle est représentée par la belle tombe de bronze du comte Herrmann de Hennesberg et de sa femme à Römhild (Saxe) ; par deux retables de Lübeck, l'un en pierre, de 1498, représentant le Lavement des pieds, l'autre en bois, de 1500 environ, figurant la Crucifixion ; par une tombe de bronze de la même ville et de la même époque ; par un Couronnement de la Vierge attribué à Peter Visscher ; par le buste en marbre de Frédéric III le Pacifique, et enfin par la très gracieuse Vierge de calvaire de la chapelle échevinale de Nuremberg (fig. 100).

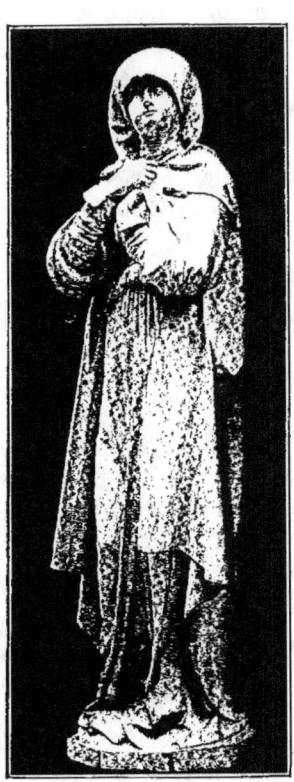

Photo Neurdein.
Fig. 100. — La Vierge de Nuremberg.

Cette œuvre charmante participe déjà du style de la Renaissance, et comme type de la Renaissance germanique, on a exposé dans la travée suivante de grandes photographies des bas-reliefs du tombeau de Maximilien à Innsprück, ainsi que des statues de bronze des Preux qui décorent la même chapelle.

Trois moulages seulement, provenant de la cathédrale de Burgos et de Saint-Jean-des-Rois à Tolède représentent le xve siècle espagnol ; l'art flamboyant portugais est figuré par des détails d'ornement de Batalha et de Belem et la Renaissance du même pays par la charmante chaire de Coïmbre, dans laquelle on a vu, non sans vraisemblance, une influence française.

Une œuvre importante de la Renaissance espagnole, le tombeau de Ferdinand et Isabelle à Cordoue, est, à cause de ses grandes dimensions, exposée un peu avant la place qui lui conviendrait chronologiquement.

Une place très importante est consacrée, dans les dernières travées de l'est, à la Renaissance italienne ; il faut y signaler les œuvres suivantes parmi les plus belles :

Ghiberti : I. 131-134. Panneaux de bronze de la porte nord du

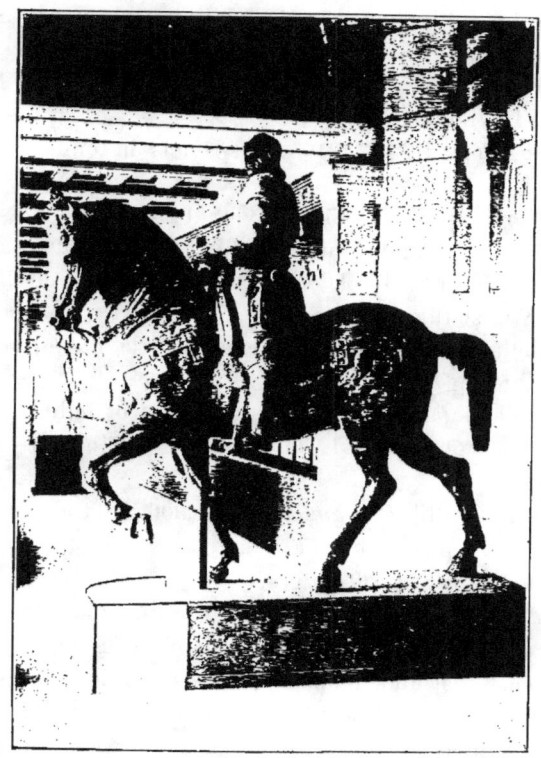

Photo Neurdein.

Fig. 101. — Statue de Bartolomeo Colleoni, par Verrocchio, à Venise.

baptistère de Florence (1403-1424). Quatrefeuilles encadrant des figures de saints et des scènes de la vie du Christ. — I. 135-138 porte orientale, statuettes dans des niches.

Donatello : I. 139. Saint Georges de l'Oratoire Saint-Michel de Florence, bronze, 1416. — I. 140. Buste de saint Jean-Baptiste. — I. 141. Buste d'enfant. — I. 142. Crucifix de saint Antoine de Padoue.

— I. 143. Vierge à mi-corps, médaillon du fronton du portail sud de la cathédrale de Sienne.

Luca della Robbia : I. 144 à 153. Groupes en haut relief d'enfants danseurs et musiciens, exécutés de 1431 à 1440 pour la tribune de la cathédrale de Florence. I. 154-155 Vierges ; 156 buste d'enfant.

Desiderio du Settignano : I. 158. L'Enfant Jésus de Saint-Laurent de Florence. — I. 160. Buste de femme.

Antonio Pollaiuolo : I. 161. Buste de jeune homme. I. 162. Buste de Charles VIII (attribution).

Mino da Fiesole : I. 163 à 165. Bas-reliefs du tombeau de Paul II — I. 166 à 169. Bustes.

Andrea Verrocchio : I. 177. David, 1476. — I. 178. Buste de femme. — I. 179. Amour au Dauphin, fontaine du palais de la Seigneurie à Florence. — I. 180. Statue équestre de Bartolomeo Colleoni à Venise (fig. 101).

Andrea della Robbia : I. 183. Groupe de la *Visitation*, à Saint-Jean de Pistoie (fig. 102).

Benedetto da Majano : I. 190. Buste de Pietro Mellini, I. 474.

Michel-Ange Buonarotti : I. 200. La Mort d'Adonis. — I. 201. La Vierge de Bruges.

Agostino Busti dit *Il Bambaja* : I. 206. Statue funéraire de Gaston de Foix ; musée Brera à Milan.

Benvenuto Cellini : I. 207. Persée.

Giov. Angelo Montorsoli : I. 208. Porte du palais Doria à Gênes.

L'art de la Belgique et de la Hollande n'a pas été séparé de celui de la France. C'est donc dans la galerie centrale que nous trouverons le très barbare et disgracieux portail roman de Nivelles (I. 47) et l'admirable cuve baptismale de Liège (I. 48), représentant l'art du xiie siècle, commençant et finissant avec un bonheur très inégal.

Pour le xiiie siècle, la curieuse légende de sainte Gertrude exécutée au repoussé sur la châsse de Nivelles (I. 49), d'après les dessins du moine Jacqueney d'Anchin, par Nicolas Colars de Douai et Jakemon de Nivelles.

Pour le xive siècle, les têtes exquises sculptées sur bois dans les halles d'Ypres (I. 50 à 53, fig. 31), une Vierge d'Anvers (I. 54), la sainte Catherine de Courtrai (I. 55), des consoles de l'église de

LA SCULPTURE ÉTRANGÈRE

Dinant (I. 56 à 58), et de la Biloque de Gand (59, 60), enfin le tabernacle de Hal (I. 61).

Le xve siècle est beaucoup plus abondamment représenté par des séries d'écoinçons à petits sujets variés (I. 62, 64, 66, 68), la Vierge de Hal (I. 65), le saint Hubert (I. 70) et la Vierge au Calvaire (I. 69) de Louvain; les jolies sculptures des poutres de l'Hôtel de

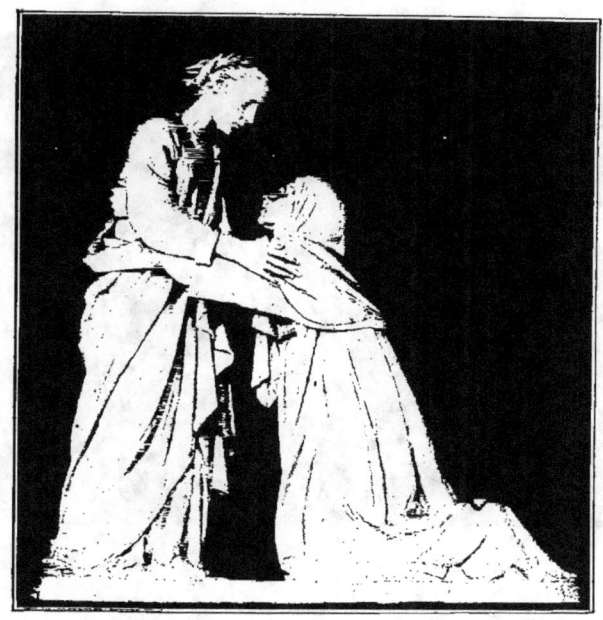

Photo Neurdein.
Fig. 102. — La Visitation, par Andrea della Robbia.

Ville de la même cité, par Guillaume Ards (I. 71), une tombe de Tournai (I. 72), diverses figurines et les retables déjà mentionnés.

De la Renaissance flamande, le Musée possède trois pièces très importantes venant de Bruges; les tombeaux de Charles le Téméraire et de sa fille (I. 76, 77) et la tumultueuse cheminée du Franc (I. 75).

En fait de monuments gothiques hollandais, le Musée renferme deux chapiteaux du xve siècle de Rotterdam (I. 92, 93) et la charmante série des figurines de bronze (fig. 103) fondues par Jacques de Gérines pour orner la grande cheminée du Dam à Amsterdam. Elles représentent des ancêtres des ducs de Hollande.

A côté des ornements de Versailles et des œuvres de Puget, on a placé la série des maquettes créées par Artus Quellyn le Vieux, d'Anvers pour la décoration de l'Hôtel de Ville élevé à Amsterdam au xviie siècle (I. 104). Cet ensemble très décoratif et remarquable

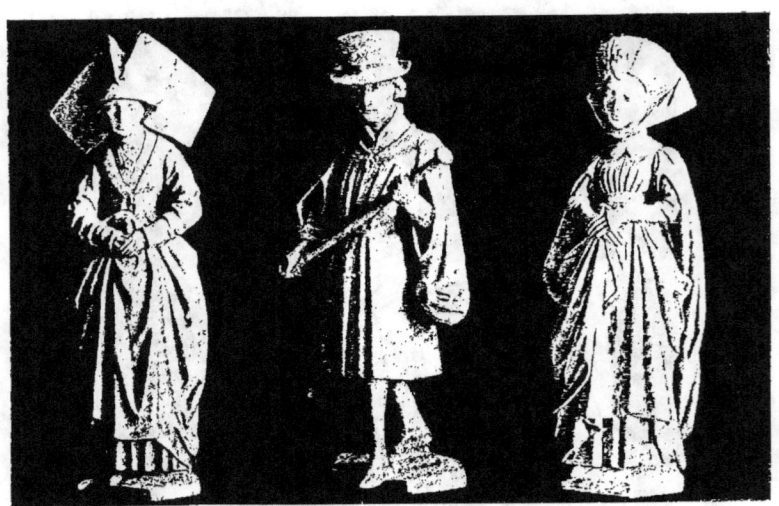

Photo Neurdein.

Fig. 103. — Statuettes provenant de la cheminée du Dam, à Amsterdam.

par les qualités de composition et d'exécution, contient de charmants détails (fig. 104). Deux bustes d'amiraux, Ruyter (I. 106) et Van Gendt (I. 105) sont dus au talent de Rombout Verhulst (1624-1698).

La série des modèles d'architecture (fig. 105) a été exécutée en 1900 sous la direction de M. A. de Baudot, inspecteur général des Monuments historiques. Elle montre la structure d'un certain nombre de constructions remarquables et typiques des xiie, xiiie, xive et xvie siècles.

L'architecture romane résout la première le programme du voûtement de la basilique, en utilisant, en simplifiant, en assouplissant, en appropriant aux matériaux, aux climats et aux programmes de son temps et de nos contrées les procédés de construction et les ordonnances décoratives des Romains. De ces ordonnances décoratives, elle élimine tout ce qui ne cadre pas avec la structure, et elle les enrichit, comme on l'a vu, d'éléments orientaux et barbares et de beaucoup de fantaisies qu'elle crée.

Une section de la nef de Notre-Dame-du-Port à Clermont-Ferrand et une autre de la nef de la cathédrale du Puy-en-Velay représentent ici cette architecture.

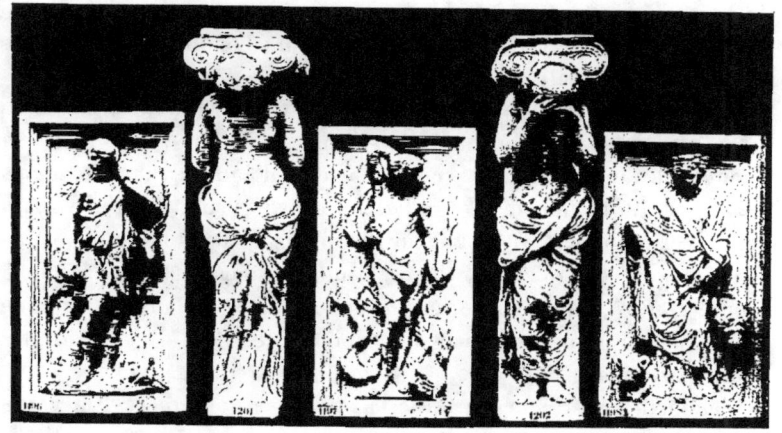

Photo Neurdein.
Fig. 104. — Maquettes d'Artus Quellyn le Vieux, pour l'Hôtel de Ville d'Amsterdam.

Notre-Dame-du-Port de Clermont se compose d'une nef et de bas côtés surmontés de tribunes : les bas côtés ont des voûtes d'arêtes ; et la nef est couverte d'une voûte en berceau demi-cylindrique ; les voûtes en quart de cylindre qui couvrent les tribunes viennent l'épauler très solidement au point où sa poussée tend à déverser les murs, et la forme de cette voûte se prête admirablement à l'établissement des toitures en appentis qu'elle soutient. L'inconvénient du système est de n'amener que peu de lumière dans la nef, qui ne peut en recevoir qu'à travers les deux étages de collatéraux.

La structure de la cathédrale du Puy, élevée vers 1130, s'inspire de modèles orientaux qu'elle agrandit et perfectionne ; la nef prend jour directement au-dessus des bas côtés, car elle est couverte d'une suite de larges coupoles octogones sur trompes dont tout le poids est porté sur des arches puissantes, doubleaux bandés en travers de la nef et formerets constituant dans chaque travée deux arcs de décharge sous lesquels on a pu ouvrir des baies sans nuire à la solidité.

Aux côtés de la cathédrale se voit le cloître, souvenir de l'*atrium* antique, que le clergé, conservateur des traditions romaines, avait gardé dans ses demeures. Ce cloître, comme Notre-Dame du Port de Clermont, montre l'ingénieux parti que les maîtres d'œuvres ont tiré des pierres blanches et des laves noires ou rouges de l'Auvergne et du Velay pour les combiner dans leurs constructions en des alternances décoratives d'un heureux effet.

L'architecture gothique du xiiie siècle est représentée par cinq modèles. Nous admirons à Notre-Dame de Dijon (vers 1240) la science et l'ingéniosité des combinaisons d'équilibre ; à Beauvais (1247 à 1272) l'élancement prodigieux du vaisseau ; à Saint-Urbain de Troyes (commencé en 1262 sur les plans de Jean Langlois, continué jusque vers 1329) une légèreté qui ne saurait être dépassée ; à Rieux (Marne), au contraire, une grâce robuste, et dans la flèche de Senlis, la suprême élégance d'une silhouette hardie et de formes pures et simples.

L'élément générateur de toute la structure gothique est la voûte d'ogives. C'est une voûte d'arêtes dont les arêtiers sont constitués par deux ou plusieurs arcs réunis à la clef et appelés ogives (*arcus augivus*, arc de renfort), les ogives sont solidaires entre elles, mais indépendantes des quartiers de voûte dont elles reçoivent tout le poids pour le reporter sur les points de leurs retombées.

La suppression de la charge qui pèse sur le reste des parois permet de les ajourer aussi largement qu'on le désire. C'est le perfectionnement absolu du système entrevu dans quelques édifices romans comme la cathédrale du Puy.

Mais si la plus grande partie des parois peut être allégée, percée, supprimée, en revanche il est des points où doit se concentrer la résistance, car l'armature des branches d'ogives rayonne autour de ces quelques points de retombée et y accumule toute la poussée des voûtes. Déjà, l'architecture romane auvergnate opposait la poussée continue de ses voûtes en berceau à l'épaulement d'un demi-berceau (N.-D. du Port). A des poussées sectionnées, il y aura lieu d'opposer ici des segments des demi-berceaux, c'est-à-dire des demi-arcs, ou arcs-boutants qui s'élancent par-dessus les toitures latérales pour recevoir ces poussées et les transmettre aux puissantes culées qui les amortissent.

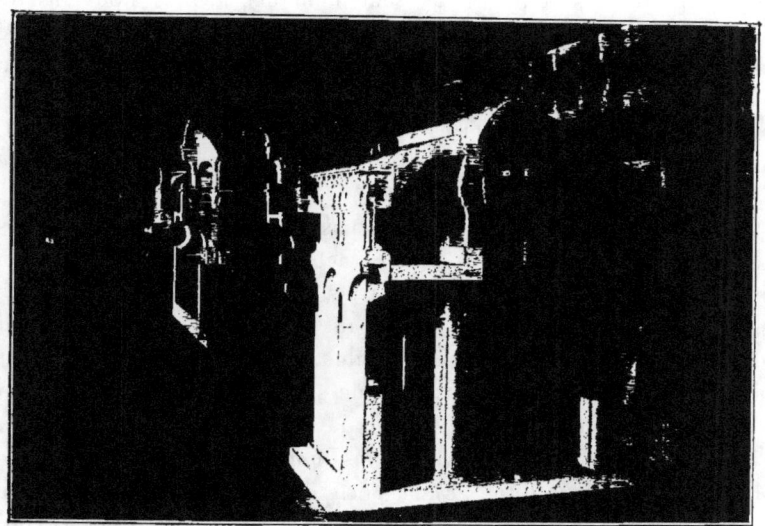

Fig. 105. — Galerie des modèles d'architecture.

Deux modèles qui ne font point partie de la même série d'enseignement représentent d'autres beaux et célèbres édifices du xiiie siècle ; c'est une réduction d'une portion du bâtiment appelé *la Merveille* au mont Saint-Michel (1203 à 1228) et un modèle de Notre-Dame de Paris telle qu'était cette cathédrale après l'injure imprimée par Soufflot à sa façade, avant la démolition de l'archevêché et avant la restauration de Viollet-le-Duc. Le modèle est très exact et soigné, et l'on peut, à travers les portails, voir tout le détail de l'aménagement intérieur.

Un modèle en relief du chœur de Saint-Denis a été exécuté sous la direction de Viollet-le-Duc pour montrer l'emplacement des tombeaux royaux tels qu'il les a restitués.

Le style gothique de la dernière période, que l'on nomme flamboyant à cause de ses formes ondulées, et qui régna en France de la fin du XIVe au cours du XVIe siècle, n'a pas trouvé place dans cette série, soit parce qu'il ne se rattache pas directement et logiquement à notre art du XIVe siècle, soit parce qu'il n'apporte aucune modification à la structure gothique, mais seulement des formes nouvelles et purement décoratives ; soit enfin et plutôt parce qu'il n'a guère de modèle à fournir au point de vue de l'enseignement de l'art du constructeur.

C'est donc dans les galeries principales du Musée qu'on trouvera, et à grandeur d'exécution, sous forme de moulages, des exemples de cette architecture.

Le style flamboyant ne modifie pas la structure gothique mais seulement certaines formes. Ses caractères, voûtes surchargées de nervures décoratives, pénétrations de moulures, absence de chapiteau ou remplacement du chapiteau par une frise, profil spécial de base, fenestrages à tracés onduleux et arcs en accolade, sont usuels en Angleterre trois quarts de siècle environ plus tôt qu'en France (Voir le tableau exposé dans la galerie extérieure de Paris).

Au Musée du Trocadéro, quelques morceaux comme la chapelle du cimetière d'Avioth (E. 23), la porte de sacristie de la cathédrale de Bourges (E. 31), une grande niche encadrant un autel à Toul (E. 147), l'escalier des orgues de Saint-Maclou de Rouen (E. 114) et les dais des stalles de la cathédrale d'Amiens (E. 7) montrent en quoi consistent ces formes.

Elles sont compliquées à plaisir, car le principe du style veut qu'à toute courbe s'oppose une contre-courbe, mais la discipline de la construction gothique est telle que les lignes principales s'affirment toujours, que la composition reste claire et les proportions justes dans le fouillis des détails.

Peu de monuments sont plus élégants que la chapelle d'Avioth (E. 23), somptueux baldaquin octogone abritant l'autel des morts qui se voit de tout le cimetière. La porte de celui-ci est accolée à la chapelle.

La porte de sacristie de la cathédrale de Bourges, exécutée pour un archevêque, fils de Jacques Cœur, de 1443 à 1450, est un exemple d'architecture gracieuse, ferme et bien pondérée ; l'escalier de tribune de Saint-Maclou de Rouen (E. 124), ne témoigne pas d'un moindre goût. Cette merveille de grâce légère, où la complication des détails laisse s'affirmer les lignes générales, date du début du XVIᵉ siècle, au temps où Pierre Gringoire était maître de l'œuvre.

A quel excès cette légèreté et la complication des formes peuvent atteindre, on le voit dans le couronnement des stalles d'Amiens (E. 7) qui date du même temps.

L'architecture de la Renaissance commence par conserver tous les principes gothiques. Les Italiens, constructeurs détestables, n'avaient aucun principe à enseigner en cette matière aux maîtres français. On essaya seulement parfois, à partir du deuxième quart du XVIᵉ siècle, d'adapter les vieux principes structuraux aux formes nouvelles, et parfois on le fit de façon ingénieuse. Les Grecs avaient eu des plafonds formés de dalles de pierre s'emboîtant pour les couvrir dans les vides rectangulaires ménagés entre des murs ou des architraves et des linteaux. Les Romains avaient adapté le système à des voûtes formées d'arcs parallèles reliés par des tenons et déterminant des caissons carrés ; trop souvent, ils n'avaient fait que sculpter ou modeler en stuc ces caissons sous des voûtes dont l'appareil ne concorde pas avec leur forme.

La Renaissance s'empara de ce thème pour le marier à la tradition gothique. Dans la galerie des modèles d'architecture, on peut voir la chapelle de la Vierge de l'église de la Ferté-Bernard, couverte d'un plafond de dalles à l'antique reposant sur une armature gothique de branches d'ogives, et les galeries ouvertes du château de Dampierre (Charente-Inférieure) avec leurs berceaux en anse de panier composés d'arcs doubleaux réunis par des tenons, et de dalles remplissant les vides qu'ils laissent entre eux.

IX

VITRAUX

Une collection de vitraux originaux du xiie au xvie siècle a été cédée en 1889 au Musée et vient seulement d'être exposée, en décembre 1910, dans la dernière travée de l'aile de Paris, où ils sont classés par époques et provenances.

On y peut suivre toute l'évolution de l'art du peintre verrier. Comme la peinture murale et celle des manuscrits, et comme la tapisserie, la peinture sur verre, jusqu'au cours du xive siècle, commence par des figures simples au trait, rehaussées de teintes plates et silhouettée sur des fonds plats.

Les vitraux de cette époque représentent soit des personnages isolés dans un cadre architectural, soit des médaillons renfermant chacun une scène de légende, souvent expliquée par une inscription.

Les couleurs sont très harmonieuses, vives et franches ; celles de l'architecture et du paysage souvent arbitraires ; la mise en plombs suit scrupuleusement le dessin et le souligne ; les verres sont teints dans la masse, sauf les rouges qui seraient trop peu lumineux ; le détail et le modelé sont obtenus par des traits et des hachures au pinceau.

Cette première période est l'apogée de l'art du peintre verrier au point de vue de la beauté et de l'harmonie des couleurs, de la valeur décorative, de la richesse et de la tenue d'ensemble.

L'art du xiie siècle, dont les exemples sont aujourd'hui si rares, est représenté par 18 fragments provenant de la cathédrale de Châlons-sur-Marne. On y remarque David, Samson, l'Église et la Synagogue, le Sacrifice d'Abraham; le Retour de la terre promise, Siméon, la Purification, la Fuite en Égypte.

Six autres débris de même date proviennent de la cathédrale du Mans : ange, colombe, légende de saint Paul et Samson.

Les vitraux provenant de la cathédrale de Bourges appartiennent sensiblement au même art et au même style :

Repas chez Simon; les saints Pierre et Paul; la corporation des changeurs figurés en donateurs; la Résurrection de Lazare; saint Étienne (fragment de tympan).

La transition du style du xıı^e à celui du xııı^e siècle est représentée

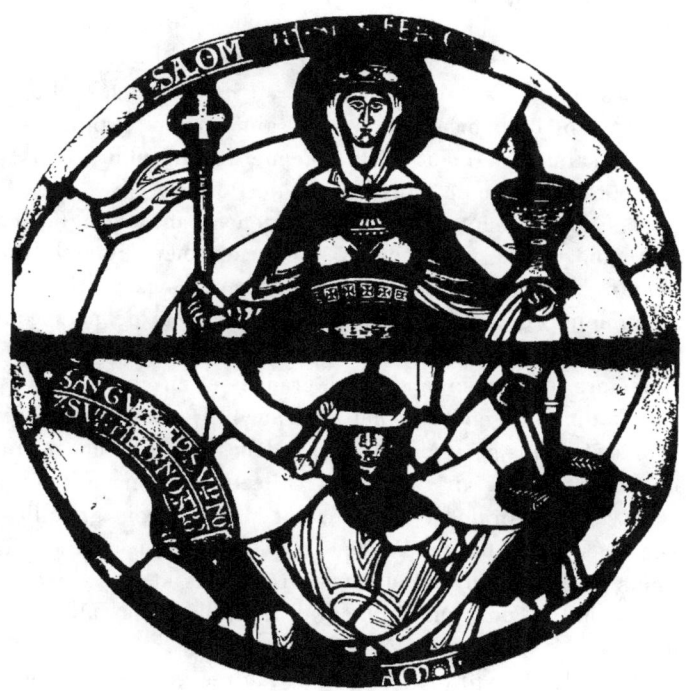

Photo des Monuments historiques.
Fig. 106. — Vitrail de la cathédrale de Châlons : l'Église et la Synagogue.

dans cette série par les dix panneaux des légendes de saint Valérien et de sainte Cécile et par des motifs de bordures.

A la suite de ces séries, on admire une importante collection du xııı^e siècle : tête de Vierge de la Trinité de Vendôme; Adam et Ève et les restes d'un panneau de Notre-Dame de Paris; de l'église aujourd'hui démolie, de Saint-André à Châteauroux : suite de quatre médaillons : Les Mages devant Hérode; l'Adoration des Mages; la Fuite en Égypte et le Massacre des Innocents. Suite de cinq panneaux : la Nativité ; l'Annonciation aux Bergers ; les Saintes femmes au tombeau ; le Christ triomphant. — Restes d'une rose de 16 panneaux figurant le Jugement dernier, panneau de grisaille.

Débris provenant de la cathédrale du Mans : saint Georges ; un tailleur de pierre ; grisailles.

Deux figures de femmes provenant de Saint-Julien du Sault (Yonne).

Suite provenant de l'abbaye de Gercy (Seine-et-Oise) : La Nativité ; Fragment d'un arbre de Jessé ; saint Martin ; panneau de la légende du saint ; fragment de la légende de Théophile ; deux grisailles ; tête de Vierge de la cathédrale de Poitiers.

Au xiv° siècle, la peinture sur verre, en cherchant le progrès, entre dans la voie de la décadence. Les encadrements d'architecture prennent une place exagérée et commencent à viser à l'imitation des monuments réels, avec tons de pierre et effets de perspective ; les peintres commencent à appliquer leurs couleurs en surface, à modeler leurs figures en ombres dégradées et en clairs enlevés au grattoir ; la tonalité générale change beaucoup ; elle devient souvent plus froide et moins harmonieuse ; les valeurs sont souvent inégales.

Comme vitraux du xiv° siècle, la collection renferme deux panneaux de la cathédrale de Châlons-sur-Marne ; trois grisailles de celle de Séez ; une figure d'évêque de Saint-Julien du Sault, trois fragments de la cathédrale ; d'autres fragments et une grisaille de Saint-Gengoult à Toul ; un fragment de grisaille de la cathédrale de Rouen.

Au xv° siècle, le vitrail, comme les autres genres de peinture, vise aux effets de relief et de perspective ; les accessoires se multiplient dans des fonds de plus en plus détaillés ; l'architecture et les bandes d'inscriptions prennent souvent une place importante ; les figures et les draperies sont modelées en teintes dégradées ; les pièces de verre sont souvent grandes et les plombs coupent parfois arbitrairement le dessin ; les couleurs sont souvent riches et plus ou moins harmonieuses, mais moins qu'aux xii° et xiii° siècles.

De cette époque, le Musée possède trois figures de l'abbaye de Gearcy : la Vierge, saint Antoine et un évêque ; un fragment d'ornement, un Christ en croix et un donateur de la cathédrale du Mans, deux tympans de celle de Châlons-sur-Marne, et des débris de décoration architecturale de la cathédrale d'Autun.

Au xvie siècle, l'art du vitrail, comme les autres arts, passe progressivement au style de la Renaissance ; la mise en plombs, comme l'appareil de la maçonnerie, perd trop souvent la belle logique des maîtres gothiques ; le jaune d'argent, qui vient d'être inventé, s'emploie de plus en plus abondamment et bientôt à l'excès ; les coloris blafards sont en honneur dans la seconde moitié du siècle, et dans le vitrail comme dans les miniatures et les émaux, les scènes à personnages sont parfois traitées en grisaille. Une belle série de fragments représente assez complètement l'art de cette période :

Notre-Dame de Saint-Omer : deux écussons, une tête d'évêque, des anges et divers motifs d'architecture.

Cathédrale du Mans : légende de saint Julien ; fragments provenant de Conches (Eure). — Fragments d'un arbre de Jessé de Saint-Julien du Sault (Yonne).

L'Enfant prodigue, style Renaissance, provenant de la Trinité de Vendôme.

Scène de martyre (décollation) et fragments d'un arbre de Jessé de la cathédrale d'Évreux.

Cathédrale d'Autun : Vierge, ange, pélican et phénix. — Firmament.

Puteaux (Seine) : partie supérieure d'une figure de sainte.

Église d'Essômes (Aisne) : treize panneaux de la vie de saint Augustin.

Enfin, fragments divers de provenance incertaine : Annonciation de la Vierge ; très belle Annonciation aux Bergers ; Nativité ; tête de saint ; anges tenant un ostensoir ; donateurs.

Après la Renaissance, l'art du peintre verrier tombe dans une profonde décadence que suit bientôt un profond discrédit ; il ne revivra qu'au xixe siècle.

X

PEINTURES MURALES

Une importante série de relevés de peintures murales, extraits des cartons de la bibliothèque, est exposée en ordre topographique et chronologique dans la galerie des modèles d'architecture. Notons que c'est une erreur grave d'appeler *fresques* les peintures murales de la France, qui sont des peintures à la détrempe, fixées à la colle. Le procédé sur enduit frais (*affresco*) est spécial aux artistes italiens.

Les plus anciens exemples reproduits remontent au xii° siècle, on y voit des compositions analogues aux sculptures des portails et comme dans les vitraux, un vigoureux dessin au trait habillé de teintes plates, mais le coloris est moins riche et moins varié, par raison de pénurie de couleurs ou d'économie.

On remarque comme spécimens de cet art les peintures décoratives d'Ebreuil (Allier) relevées par Ypermann. Ce sont des rinceaux gris sur fond rouge d'un grand effet. — Des relevés de Denuelle montrent les compositions qui décorent les chapelles de Saint-Quiriace de Provins et le baptistère de Poitiers, où le regretté Lameire a fait aussi d'excellentes aquarelles. Ces peintures d'un grand style figurent le Christ, les Apôtres, un cavalier semblable à ceux qui sont sculptés sur les façades des églises romanes du Sud-Ouest. De majestueuses figures de saints, aux tons effacés et harmonieux, ont été relevées par Savinien Petit à la Chartreuse du Liget (Indre-et-Loire).

Les peintures de Poncé (Sarthe) représentent l'histoire du Mauvais riche, des scènes de l'Apocalypse et le Jugement dernier.

Au xiii° siècle, la peinture murale, comme celle des vitraux et des manuscrits, n'a guère innové ; elle se reconnaît aux progrès du dessin et au changement des modes plus qu'à celui des procédés.

L'église de Saint-Jacques-des-Guérets (Cher) contient des peintures du xii° siècle (Massacre des Innocents) et du xiii° (Le Christ, saint Augustin, saint Georges, cavaliers armés).

Un relevé de M. Darcy reproduit la décoration peinte au xiii⁰ siècle dans l'église de Saint-Désiré (Allier), à côté se voient celle de Hambye (Manche) et celle de Pontigné (Maine-et-Loire) reproduite par le regretté Marcel Rouillard.

Les peintures de la Tour Ferrande à Pernes (Vaucluse) sont un témoin précieux et rare de la décoration des châteaux au xiv⁰ siècle.

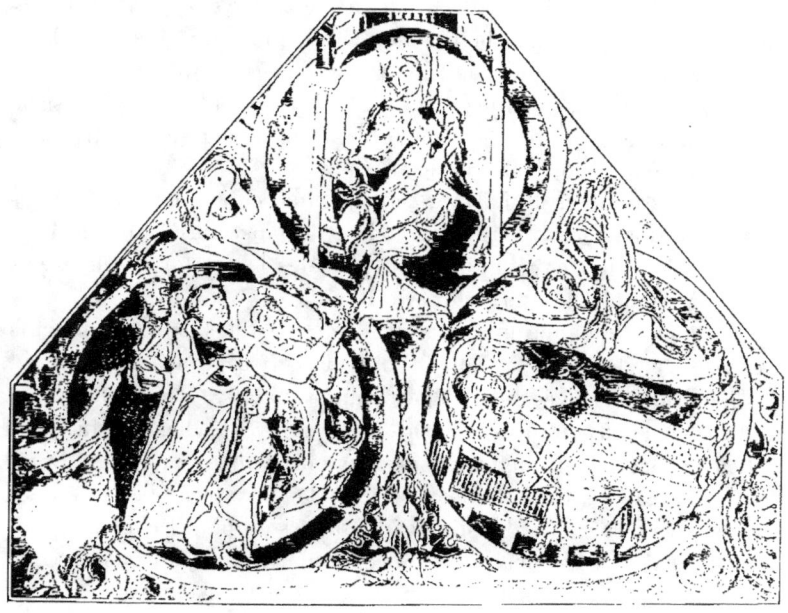

Fig. 107. — Peinture de la voûte de la chapelle Saint-Julien du Petit-Quevilly près Rouen, xii⁰ siècle.

Les excellents relevés de M. Revoil reproduisent avec exactitude leurs divers détails : images religieuses ; chevalier combattant un Maure ; l'effigie de saint Christophe dont la vue préservait de la mort subite, etc.

Les peintures de Saint-Philibert de Tournus, relevées par Denuelle, contiennent des morceaux du xii⁰ au xv⁰ siècle.

Pour le xiv⁰ siècle, les relevés de Lameire et de Rouillard montrent les peintures de Notre-Dame-du-Tertre (Côtes-du-Nord) et des Jacobins de Toulouse.

Au xivᵉ et au xvᵉ siècle, nous voyons des peintures à fresque de l'École siennoise au palais d'Avignon, et Denuelle a fait un intéressant relevé de celles du porche de Notre-Dame-des-Doms par Simone Memmi, alors que cette belle œuvre était moins détériorée qu'aujourd'hui.

Une école florissante de peinture participant de l'art italien et de l'art français a existé du xivᵉ au xviᵉ siècle en Savoie ; elle est dignement représentée par la belle suite des fresques du cloître d'Abondance, consacrées à la Vie de la Vierge ; relevés de Marcel Rouillard.

Au xvᵉ siècle, la peinture murale comme le vitrail, la tapisserie et l'enluminure, aborde le modelé des figures, la perspective des fonds et l'expression naturaliste.

Comme exemples de l'art de cette époque, citons deux spécimens des sujets macabres alors à la mode : la Danse des Morts de Kermaria, relevé de Denuelle, et la Légende des Trois Morts et des Trois Vifs à Verneuil (Nièvre), relevé de Rouillard.

A la même époque appartiennent les scènes des deux Testaments relevées par Lameire à Notre-Dame-du-Tertre (Côtes-du-Nord) et les peintures relevées par Ypermann à Saint-Seine et à Bagnot (Côte-d'Or). Les peintures de Saint-Seine montrent la légende du saint ; celles de Bagnot un Jugement dernier où l'artiste a fait de l'Enfer le salon réservé aux Dames, et a eu la galanterie de les y faire mener en carrosse par les diables seigneurs du lieu. De quelles rancunes procède cette originale conception, nous le saurons lorsque viendra le grand jour auquel il nous fait assister par avance.

C'est, enfin, dans le style académique et léché de la Renaissance que sont traitées au xviᵉ siècle les peintures de Notre-Dame, du château de Dijon et de Saint-Michel (Côte-d'Or) relevées par Ypermann : on voit dans l'une un Jugement dernier à la manière de Michel-Ange : dans l'autre des cariatides féminines à la façon de Raphaël.

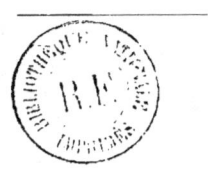

INDEX ALPHABÉTIQUE

(Les séries étrangères ne sont pas détaillées dans ce répertoire).

ABONDANCE (Savoie), peintures murales, p. 164.
AIX-LA-CHAPELLE, église de Charlemagne. p. 22.
AIX-EN-PROVENCE, cathédrale. vantaux des portails. p. 113.
AMBIERLE (Loire), retable flamand. p. 84.
AMIENS, cathédrale. statues XIII° s., p. 50 à 52, 70. 76 ; XIV° s., p. 86 à 88, 96. Chapiteaux, p. 56. Stalles, p. 108, 113, 156. Musée, têtes de bois XV° s., p. 80. Sculptures Renaissance, p. 107, 108.
ANDROUET DU CERCEAU (Jacques) architecte, p. 110.
ANGERS, hôtel Pincé, p. 125.
Anglais (art), p. 80, 105. 143, 147, 156.
ANGOULÊME, cathédrale. p. 31.
ANGUIER (Michel et Pierre), p. 127.
Architecture (modèles d'), p. 8, 11, 152 à 157.
AREGNO (Corse), p. 25.
ARLES, Saint-Trophime, p. 28, 30, 34, 35, 39.
ARRAS, figure tombale, XIV° s., p. 73, 76.
ARRAS (Jean d'), p. 76.
Assyrien (art). p. 13, 31.
AULNAY (Charente-Inf.), p. 23, 31, 37, 45.
AUTUN, déesse Epona, p. 15. Portes romaines, p. 36. Chapiteaux romains, p. 26, 27. Tympan de la cathédrale, p. 30, 42, 64. Vitraux, p. 161.
AUXERRE, cathédrale, p. 6, 7, 53, 54, 59. 66, 72, 73.
AVALLON, portail, p. 6, 23, 26, 36.
AVERNIER (Antoine), XVI° s., p. 108.
AVIGNON, palais, portail du consistoire, p. 54. Tombe du cardinal de Lagrange, p. 96. Retable de Saint-Didier, p. 106. Fresques, p. 164.
AVIOTH, chapelle funéraire, p. 7, 83, 124, 156.

BACHELIER (Nicolas), p. 110. 123.
BADE, crucifix du cimetière, p. 99, 100.
BAERZE (Jacques de), p. 93.
BAGNOT (Côte-d'Or), peintures murales, p. 164.
Barbare (art), p. 18, 26. 34.
BARBET (Jean), dit de Lyon, sculpteur-fondeur, XV° s., p. 103.
BAR-LE-DUC, tombeau de René de Châlon, p. 114, 117, 118.
BARYE, p. 142.
BAYEUX, cathédrale, sculptures XII° s., p. 32, 34, 38.
BEAUNE, dieu gaulois, p. 15. Eglise, p. 36.
BEAUNEVEU (André), p. 87, 88, 90, 91, 95.
BEAUNEVEU (Pierre), p. 91.
BEAUVAIS, cathédrale, p. 154. Maison au piliers, p. 80. Saint-Jacques, fin du XIII° s., p. 55. Tête de Christ en croix, XV° s., p. 99.
BELGIQUE, p. 8, 83 à 104, 150, 151.
BICÊTRE, manoir. p. 89.
BLOIS, Eglise Saint-Laumer, chapiteaux, p. 26. 27, 38, 41. Château, p. 125.
BOBILLET (Etienne), p. 90.
BOGHEM (Louis van), maître d'œuvres à Brou, XVI° s., p. 102.
BOLOGNE (Jean), p. 111.
BONTEMPS (Pierre), p. 116, 120.
BORDEAUX, cathédrale, portail XIV° s., p. 52, 77. 79. Eglise Saint-André, l'Annonciation, p. 126.
BORREMANS (Paschier), p. 85.
BOUCHARDON (Edme). p. 138.
BOULIN (Arnould), huchier à Amiens, XVI° s., p. 108.
BOULOGNE-SUR-MER, portail de Notre-Dame, p. 90.
BOURBON-L'ARCHAMBAUD, figurine d'un duc de Bourbon p. 102.
BOURGES, cathédrale. portails romans, p. 40-41. Porche nord, p. 7, 75, 78, 79. Sculp-

tures XIII° s., p. 54, 62, 65. 69. 71. Porte de sacristie. p. 156, 157. Vitraux p. 158. Portail Saint-Ursin, p. 44. Le roi, statuette d'argent. p. 7. Palais. p. 89. Hôtel Lallemant, p. 80.
BOUTEILLER (Jean Le), p. 78.
BOZE (DE), académicien, p. 134.
BRADFORD-SUR-AVON, p. 20.
BRANTÔME, chapiteaux carolingiens. p. 34.
BRIOUDE, chapiteaux romans, p. 39.
BRIVE, église Saint-Martin, p. 32.
BROEDERLAM (Melchior), peintre à Ypres, p. 94.
BROU, sculptures du XVI° s., p. 101. 102.
BRUGES (Hennequin de). p. 88.
BUEIL (Indre-et-Loire), tombe de Jeanne de Montjean, p. 98.
BURY (Oise), retable flamand. p. 84.
Byzantin (art), p. 19, 21, 30, 37.
CAEN, chapiteaux romans, p. 38. Eglise Saint-Pierre, p. 125. Hôtel d'Ecoville, p. 7. 124. Hôtel de Mondrainville. p. 124. Manoir des Gendarmes, p. 125.
CAFFIERI (J.-J.), p. 138, 139.
CAHORS, portail de la cathédrale, p. 31.
CAMBRAI, crucifix XII° s., p. 44.
CANOVA, p. 141.
CARCASSONNE, église Saint-Nazaire, chapiteau roman. p. 26.
CARENNAC (Lot), p. 32.
Carolingien (art), p. 21, 22.
CARPEAUX, p. 141.
CHALONS-SUR-MARNE, Notre-Dame-en-Vaux, chapiteaux, p. 27, 38. Cathédrale, vitraux, p. 158 à 161.
CHAMBORD, château, p. 125.
CHANTENAY (Nièvre), déesse Epona, p. 15.
CHARLIEU, portail, p. 7, 9, 23, 26, 36, 39.

INDEX ALPHABÉTIQUE

CHARTRES, chapiteau antique, p. 16. Cathédrale, p. 6. Portail royal, p. 24, 38 à 41, 47, 80. Sculptures xIII° s., p. 50, 51, 59, xv° s., 80. Clôture du chœur. p. 7, 114.
CHATEAUDUN, château, p. 125.
CHATEAUROUX. église Saint-André, vitraux, p. 159.
CHAUDET, p. 140.
CHELLES (Jean de), maître de l'œuvre de N.-D. de Paris, 1257. p. 51, 64, 76.
Chrétien (art), p. 16, 17, 18.
CHRISTIANIA, retable flamand, p. 84.
CHYPRE, p. 147.
SAINT-CIRGUES (P. de D.), croix de carrefour, xv° s., p. 81.
CLERMONT-FERRAND. N.-D. du Port. p. 6, 23, 153 à 155. Chapiteaux, p. 25, 29, 37, 39, 61.
CLEVE (Van), p. 132.
CLUNY, porte de l'abbaye, p. 36.
COLLET (Jacques, dit de Chartres), p. 87, 88.
COLOMBE (Michel), p. 110, 112, 113.
CONCHES (Eure). vitraux, p. 161.
CONCHESSAUT, château. p. 89.
CONQUES, statue de Sainte-Foy, x° s., p. 21.
CORBEIL, statues de l'ancien portail Notre-Dame, p. 24, 40, 47.
CORBIE, chapiteau du cloître, p. 28, 38.
COTTE (Robert de), architecte, p. 136.
COUSTOU (Nicolas), p. 132, 139.
COUSTOU (Guillaume), p. 139.
COYSEVOX. p. 129, 130, 132.
DAMMARTIN (Guy de), p. 87, 88.
DAMMARTIN (André de), p. 88.
DAMMARTIN (Drouet de), p. 88.
DAMMARTIN (Jean de), p. 88.
DAMPIERRE (Charente-Inf.). château, p. 157.
DAVID, peintre, p. 141.
DAVID D'ANGERS, p. 140.
DEDIEU (Jean), p. 124, 132.
DEFERNEX, p. 139.
DIJON, école de sculpture, p. 78, 84, 101. Chartreuse, p. 90 à 94. Église Saint-Michel p. 125. Porte du Serin, p. 125. Église Notre-Dame, p. 154. Peintures murales, p. 154.
DINANT, p. 82.
DOMMARTIN-EN-PONTHIEU, chapiteaux, p. 26, 28, 38.
DONZY-LE-PRÉ (NIÈVRE), p. 26.
DUGOULON (Jules), p. 132.

DUMONT, p. 140.
DUQUESNOY, p. 128.
EBREUIL (Allier), peintures murales. p. 162.
ECOUEN. château, p. 125.
Egyptien (art), p. 13.
Espagnol (art), p. 144, 147, 148.
ESSÔMES (Aisne), vitraux, p. 161.
ÉTAMPES, église Notre-Dame, p. 40.
EVREUX, cathédrale. Clôtures de chapelles, p. 113. Vitraux, p. 161.
FENIOUX (Char.-Inf.), pilier, p. 125.
LA FERTÉ-BERNARD, église, p. 125, 157.
LA FERTÉ-MILON, château, p. 6, 94 à 96, 97.
FIESOLE (Jérôme de), p. 112, 113.
Flamand (art), p. 80 à 104.
FLAMANDS (retables), p. 84, 103, 104.
Flamboyant (art), p. 79 à 104 ; 156, 157.
FRANCE (de), architecte, p. 134.
FRANCHEVILLE (Pierre), p. 126.
FRANÇOIS (Bastien et Martin), p. 125.
FROMENTIÈRES (Marne) retable flamand, p. 84.
GAILLON, retable, p. 113. Stalles, p. 113.
SAINT-GALMIER, vierge, p. 117, 121.
Gallo-romain (art), p. 14 à 17, 26 à 29, 34 à 37, 39.
GASSICOURT, vierge, p. 49.
SAINT-GAUDENS, chapiteau roman, p. 27.
LA GAYOLLE près Brignolles, sarcophage, p. 17.
GÊNES, porte du palais Doria, p. 106, 110.
GERAERT (Nicolas), de Liège, dit Nicolas von Leyen, p. 99-100, 101.
GERCY (S.-et-O.), abbaye, vitraux, p. 160, 161.
Germanique (art), p. 143 à 145, 147, 148.
GERMIGNY-LES-PRÉS, église, p. 22.
GILBERT, p. 42.
GIRARDON, p. 129, 130.
GIRAUD (Bourges XII° s.), p. 44.
GIRAUD, p. 140, 142.
Gothique (art), p. 48 à 104, 154 à 157, 159, 162.
GOUJON (Jean), p. 122, 123.
Grec (art), p. 13, 14.
GRENOBLE, chapiteaux de Saint-Laurent, p. 20, 21.

GRINGOIRE (Pierre), maître d'œuvres à Rouen, p. 157.
GUÉRIN, p. 132.
GUIBAL, p. 134.
HAMBYE (Manche), peintures murales, p. 163.
HATTONCHATEL, retable, p. 117.
HEMMELVERDEGHEM, retable, p. 104.
L'HÔPITAL-SOUS-ROCHEFORT, vierge, p. 121.
HOUDON, p. 137, 138, 139, 140.
HUERTA (Jean de La), p. 84, 92.
HUET (Alexandre), Huchier à Amiens, p. 108.
HULST (Jean), p. 91.
HUY (Jean-Pépin de), p. 72, 76.
HUY (Jean de), p. 88.
Italien (art), p. 105 à 108, 110, 111, 113, 116, 145, 146, 149, 157.
JARNAC (Constantin de), p. 37.
JOIGNY, tombeau de la comtesse Adélaïs, p. 54.
JOUARRE, chapiteaux XII° s., p. 19. Sarcophages, p. 20.
SAINT-JOUIN-DE-MARNES, sculpture carolingienne, p. 22.
JULLIEN, p. 137.
JULLIOT (Jacques), p. 122.
JUSTE (Giusti), sculpteurs, p. 110, 111, 120.
KERMARIA, peinture murale, p. 164.
LANGLOIS (Jean), maître d'œuvres à Troyes, p. 154.
LANGRES, cathédrale, p. 36.
LAON, cathédrale, p. 6, 28, 39. 49, 56, 61. Clôtures de chapelles, p. 114.
LAUNOY (Jean de), p. 87.
LAUNOY (Robert de), p. 76.
LAURANA (Francesco), p. 106, 107, 110.
LECOMTE, p. 132.
LEGROS, p. 132.
LÉON (Espagne), jugement dernier XIII° s., p. 69.
LERAMBERT, p. 132.
LIÈGE (Jean de), p. 87, 90, 91.
LIGET (J. et L. Le), peintures de la Chartreuse, p. 182.
LIMBOURG (Pol de), peintre, p. 90, 96.
LIMOGES, jubé, p. 6, 108 à 110.
LOISEL (Robert), p. 88.
LOMBEEK NOTRE-DAME, retable, p. 85, 104.
LONDRES, musée Britannique, prêtresses antiques, p. 74.
LORRAIN (Robert Le), p. 132, 133.
SAINT-LOUP-DE-NAUD (S.-et-M.), portail, p. 39, 40, 41.
LOUVIERS, église, p. 80.
LUSIGNAN, château, p. 89.

INDEX ALPHABÉTIQUE

Lyon, cathédrale, portails, p. 54-58. Chapelle des Bourbons, p. 98.
Max (île de), croix de cimetières, p. 143.
Le Mans, cathédrale, portail roman, p. 40. Tombeau de Guill. du Bellay, p. 119. 120. Vitraux, p. 158,160,161.
Mantes, sculpture romane, p. 26, 28, 38. Statuettes xiv° s., p. 54, 56.
Marchand (François, d'Orléans), p. 114,120.
Marcoussis, vierge, p. 90.
Marseille, chapelle Saint-Lazare à la Major, p. 106 Musée. médaillon de Louis XIV, p. 129.
Marville (Jean de), p. 91, 92.
Mazeline, p. 132.
Mehun-sur-Yèvre, château, p 89 à 91.
Memmi (Simone) ou Simone di Martino, peintre, p. 164.
Mérovingien (art), p. 18 à 20.
Meyt (Conrad), p. 102.
Michel (Claude), dit Clodion, p. 137.
Michel (Jean), p. 98.
Saint-Mihiel, sépulcre, p. 7, 115 à 117. Monument Dieulewart-Pourcelet, p. 117.
Moderne (art), p. 125 à 143. 152, 153.
Moderno, p. 110.
Moissac, sculptures vi° s., p. 18, 23. Portail et cloitre, p. 6, 7, 26, 28, 30, 31, 32, 38, 41, 42, 45, 46, 48, 61, 68.
Moiturier (Antoine Le), p. 84, 92, 98.
Montal, château, p. 125.
Montereau (Pierre de), maître de l'œuvre de Saint-Denis, p. 56.
Mont Saint-Michel, p. 155.
Morel (Jacques), p. 84, 98.
Mosselman (Pol), p. 90.
Moulins, tombeau de Henri II de Montmorency, p. 127.
Mozat (P. de D.), chapiteau roman, p. 30. 37, 39, 61.
Nancy, tombe de Philippe de Gueldre, p. 117. Palais ducal, p. 125. Fontaine de Neptune, p. 134.
Nantes cathédrale, portail, p. 102. Tombeau de François II, p. 109, 110, 112, 113.
Narbonne, tombeau du cardinal Briçonnet, p. 110, 119.
Nesle, château, p. 89.
Neuvy-en-Sullias, bronzes antiques, p. 16.

Nevers, cathédrale, chapiteaux, p. 56. Musée. Buste p. 140.
New-York, musée métropolitain. Stalles, p. 7. Académie des Beaux-Arts. p 140.
Notre-Dame-du-Tertre (Côtes-du-Nord), peintures murales, p. 163, 164.
Norvégien (art), p. 143, 147.
Obazine (Corrèze), stalles, p. 126.
Orchaise (Loir-et-Cher), sculptures mérovingiennes, p. 20.
Orcival (P.-de-D.), chapiteau roman, p. 27.
Orient (Influence de l'), p. 31 à 34, 36, 37.
Orléans, Saint-Aignan, chapiteaux. xi° s., p. 25, 26. Cheminée et pilastres Renaissance, p. 110, 125. Buste de Ph. de Morvilliers, p. 115. 121.
Orme (Philibert de l'), architecte, p. 110.
Oyron, tombeau d'Arthus Gouffier. p. 119.
Pagny, statue de Jean de Vienne, p. 103. Château. p. 125.
Pajor, p. 136, 138.
Paris, autels antiques, p. 14. 15. Saint-Martin-des-Champs, chapiteaux. p. 28. 38. Chœur de Saint-Germain-des-Prés. p. 24.
Paris, cathédrale, p. 6, 34, 49 à 54, 53, 56, 60, 62, 64, 66, 72, 79, 132, 155, Vitrail, p. 159. Saint-Julien-le-Pauvre, p. 27, 38. Chapelle Saint-Jacques. p. 76. Musée des Monuments français. p. 4, 88. Musée du Louvre. Tombe de Valentine Balbiani, p. 115. N.-D. de Pitié, p. 115. Bustes, p 115. Enfant Jésus, p. 117. Tombeau de Magny, p. 120. Tombeau de J.-A. de Thou, p. 126. Buste de Henri IV et esclaves de Francheville, p. 126, 127. Tombeau de Louis XIII, p. 127, Bergère par Jullien, p. 137. Diane par Houdon, p. 137. Fontaine des Innocents, p. 120, 122. Louvre, p. 87, 88. Bastille Saint-Antoine, p. 87. Hôtel Saint-Pol, p. 87, 88. Hôtel de la Trémouille, p. 80. Hôtel Carnavalet, p. 122. Porte Saint-Denis, p. 127. Hôtel de Rohan (écuries). p. 132, 133. Bibliothèque Nationale,

p. 136. Hôtel de Soubise, p. 136. Hôtel rue de Bondy, p. 137, 138. Fontaine rue de Grenelle, p. 138. Arc de triomphe, p. 7, 142. Les Tuileries. Pavillon de Flore, p. 141.
Pays-Bas, p. 8, 80 à 104, 150, 153.
Peintures murales, p. 162 à 164.
Périgueux, églises à coupoles, 37. Tombeau de Jean d'Asside, 37, 41.
Perréal (Jean), architecte, p. 113.
Pernes (Vaucluse), tour Ferrande, peintures murales, p. 163.
Saint-Pierre-le-Moutier (Nièvre), p. 27.
Pilon (Germain), p. 115, 123.
Poissy, chapiteaux romans, p. 38. Retable italien, p. 105.
Poitiers. Notre-Dame la Grande, p 30, 31. Cathédrale, vitrail, p. 160. Palais, p. 88, 89. Hôtel Boinnivet, p. 125. Peintures du baptistère, 162.
Poncé (Sarthe), peintures murales, p. 162.
Pontigné (M.-et-L.), peintures murales, p. 163.
Pradier, p. 141.
Prieur, p. 126.
Privé (Thomas), p. 88.
Provins, tombeau du cœur de Thibaud V. p. 74, 76, 77. Peintures de Saint-Quiriace, p. 162.
Puget (Pierre), p. 6, 127, 128, 131, 132.
Puteaux, vitrail, p. 161.
Le Puy en Velay, cathédrale, 23, 37, 153, 154.
Rampillon (S.-et-M.), portail xiii° s., p.- 65, 66, 69, 70.
Ravenne, panneau vi° s., p. 21. Saint-Vital, p. 22.
Ravy (Jean), p. 77.
Regnault (Guillaume), p. 112, 113.
Reims, autel antique, p. 15. Sculpture carolingienne, p. 22. Chapiteau roman, p. 28, 38. Cathédrale p. 6, 51, 55 à 57, 60, 62, 63, 67, 71 à 74, 76. Consoles de Saint-Remi, p. 149. Tympan civil. p. 46 47.
Renaissance. p. 105 à 125 ; 148 à 151 ; 157, 161.
Richier (Jacob) p. 127.
Richier (Ligier), p. 114, 116 à 119.

INDEX ALPHABÉTIQUE

Rieux (Marne), église, p. 154.
Riom. Notre-Dame du Marthuret, p. 51, 76, 78, 101. Palais, p. 89. Hôtel du Montal, p. 125.
Robbia (Andrea della), p. 106, 107.
Robert, p. 29.
Rodez, cathédrale, clôture de chœur, p. 114.
Roland (Laurent dit), p. 140.
Romain (art), p. 13, 14, 26 à 29, 34 à 37, 66, 68, 71 à 75.
Romain (Jean de Saint-), p. 87, 95.
Roman (art), p. 23 à 48; 143, 144, 145, 152 à 154, 158, 162.
Rome (Jean de), maître d'œuvre à Bruxelles, xvi° s., p. 102.
Rouen, cathédrale. Portail Saint-Jean, p. 53. Portails N. et S., p. 53, 72. Tombeau des cardinaux d'Amboise, p. 119. Tombeau du duc de Brézé, p. 110, 111, 112, 115, 122. Autels par Clodion, p. 137, 138. Vitraux, p. 160. Arche du Gros-horloge, p. 7, 112. Hôtel du Bourgtheroulde, p. 112. Maisons, p. 125. Fronton de la Romaine, p. 132. Fontaine du Gros-Horloge, p. 7, 131, 135. Saint-Maclou, Escalier, p. 7, 81, 156, 167. Voussures, p. 102. Vantaux, p. 122.
Roux (Roullant le), p. 119.
Rude, p. 140 à 142.
Rupy (Jean de, dit de Cambrai), p. 88, 90.
Saint-Aignan (L.-et-C.), chapiteau roman, p. 27.
Saint-André-lès-Troyes, l'Assomption, p. 121.
Saint-Benoit-sur-Loire, châsse mérovingienne, p. 20. Chapiteau roman, p. 26, 33. Stalles xv° s., (détail), p. 104.
Saint-Bertrand-de-Comminges, stalles, p. 113.
Saint-Denis, p. 4, 155, 156. Grand portail, p. 40. Portail sud, p. 56. Tombes de Philippe III, p. 76, de Robert d'Artois, xiv° s., p. 72, de Philippe VI, p. 87, de Charles V, p. 87, 88, de Blanche de France, p. 87, d'Isabeau de Bavière, p. 87, de Bertrand du Guesclin, p. 88, de Henri II, p. 115, de Louis XII, p. 120.
Saint-Désiré (Allier), peinture murale, p. 163.

Saint-Dié, chapiteaux romans, p 34, 38.
Saint-Gilles, porche, p. 7, 9, 23, 26, 30, 34, 35, 39.
Saint-Jacques-des-Guérets, (Cher), peintures murales, p. 162.
Saint-Julien-du-Sart (Yonne), vitraux, p. 160, 161.
Saint-Maximin, dalles gravées, vii° s., p 20.
Saint-Michel (Côte-d'Or), peintures murales, p. 161.
Saint-Nectaire (P.-de-D.), chapiteaux, p. 25, 29, 39.
Saint-Omer, tombeau de Guillaume Filliastre, p. 106, 107. Vitraux, p. 161.
Saint-Quentin, hôtel de ville, p. 80.
Saint-Sernin (Aveyron), sculpture préhistorique, p. 13.
Saintes, portail, p. 9, 23, 37, 44, chapiteau, p. 33.
Sambin (Hugues), p. 125.
Sarrazin (Jacques), p. 127.
Sées, cathédrale, p. 80. Vitraux, p. 160.
Senlis, cathédrale, p. 28, 39, 40, 49.
Sens, sculptures antiques, p. 16. Cathédrale Saint-Étienne xiii° s., p. 49. Tombeau du cardinal Duprat, p. 120.
Sluter (Claus), p. 91, 92, 93, 94.
Solesmes, sépulcre, p. 83, 115, 116.
Sonnette (Georges de la), p. 99.
Souillac (Lot), portail, p. 31, 34, 38, 46.
Souvigny, sculptures romanes, p. 37. Tombeaux des Bourbons, p. 98.
Staffarde, stalles, p. 114.
Strasbourg, déesse Sirona, p. 15. Cathédrale. Statues, xiii° s., p. 52, 69, 76. Chancellerie. Bustes du xvi° s., p. 100.
Suisse, p. 143, 146.
Syrie centrale, sculptures v° et viii° s., p. 21.
Syrlin (Georges), l'ancien et le jeune, p. 101.
Temple (Raymond du), maître d'œuvres, p. 87.
Tervueren (Belgique), château, p. 140.
Texier (Jean, dit de Beauce), maître d'œuvres à Chartres, xvi° s., p. 114.
Thorwaldsen, p. 114.
Thury (Pierre de), p. 87.
Tonnerre, sépulcre de l'Hôtel-Dieu, p. 98.

Toul, cathédrale, p. 56, 156, vitraux, p. 160.
Toulon, porte de l'Hôtel de Ville, p. 6, 131.
Toulouse, chapiteaux romans, p. 26, 27, 28. Chapiteau flamboyant, p. 80, 82. Apôtres de la chapelle de Rieux, p. 97. La Dalbade, p. 124. Hôtel Bernuy, p. 9, 124. Hôtel Lesbordes, p. 123, 124. Jacobins. Peintures murales, p. 163.
Tournai, sculpture romane, p. 31, 32, gothique, p. 151.
Tournus, Saint-Philibert, peintures murales, p. 163.
Tours, fontaine de Beaune, p. 110, 125. Tombeau des enfants de Charles VIII, p. 112.
Trebatti (Paul Ponce), p. 123.
Tremblay (Barthélemi), p. 127.
Troyes, cathédrale, p. 14, 57, 66, 68, 71, 78, 154. Cathédrale. Détails flamboyants, p. 80. Statuaire de la Renaissance, p. 118, 119, 122. École de sculpture, p. 121, 122.
Trupin (Jean), p. 108.
Tuby, p. 130, 131.
Ulm, stalles, p. 101.
Vendôme, église de la Trinité, vitraux, p. 159, 161.
Vermand (Aisne), fonts baptismaux xii° s., p. 31.
Verneuil (Nièvre), peinture murale, p. 164.
Vérone, tombeau, p. 112.
Versailles, sculptures du parc, p. 6, 9, 124, 128, 129. Boiseries, p. 163. Cheminée, p. 132.
Vézelay, portail et chapiteaux, p. 6, 23, 27, 30, 31, 36, 41, 44.
Vierges, xiii° et xiv° s., p. 52, 57, 76, xv° et xvi° s., p. 101, 117, 121.
Vilard de Honnecourt, maître d'œuvres, p. 72.
Villemaur (Aube), vierge, p. 121.
Vincennes, château, p. 87. Vitraux, p. 9, 158, à 161.
Vizille, statue de Lesdiguières, p. 127.
Wadstena (Suède), retable flamand, p. 84.
Warin (Jean), p. 126.
Werve (Claus de), p. 91, 92, 93, 94.
Wissembourg, bustes de bois, p. 100.
Ypres, halles. Têtes xiv° s., p. 53, 58, 160.

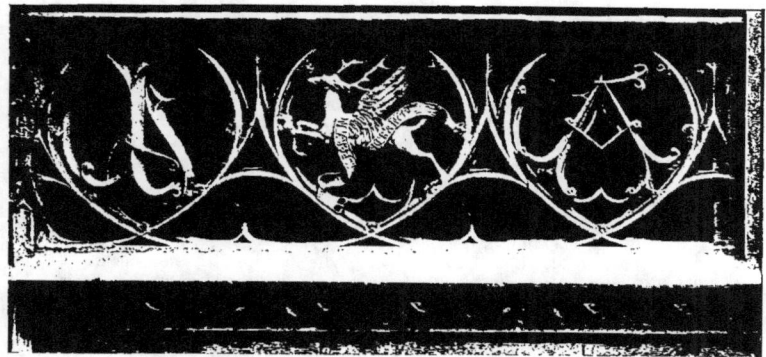

Balustrade de la chapelle des Bourbons à la cathédrale de Lyon (xvᵉ siècle).

TABLE DES GRAVURES

	Pages.
Palais du Trocadéro	1
Aile de Passy. Salle des xiiiᵉ et xivᵉ siècles	3
Hôtel Bernuy à Toulouse. Portique de la cour	5
Aile de Paris. Salle du xviiᵉ et du xviiiᵉ siècle	9
Modèle d'architecture. Église Saint-Urbain. Troyes	11
Figure 1. Autel de Reims, Cerunnos entre Apollon et Mercure	15
— 2. Sarcophage de la Gayolle	17
— 3. Chapiteau de la crypte de Jouarre	19
— 4. Chapiteau de Saint-Laurent de Grenoble	21
— 5. Église de Germigny-les-Prés. Chapiteau et sommier de la lanterne	22
— 6. Portails de Vézelay et d'Avallon	25
— 7. Chapiteau corinthien du xiᵉ siècle à Saint-Aignan d'Orléans	26
— 8. Chapiteau corinthien du xiiᵉ siècle à Saint-Nazaire de Carcassonne	26
— 9. Chapiteau de Saint-Sernin de Toulouse	27
— 10. Chapiteau de Dommartin-en-Ponthieu	28
— 11. Christ en gloire du portail de la cathédrale de Cahors	31
— 12. Bas-relief de la cathédrale de Bayeux	32
— 13. Chapiteau de Saint-Benoît-sur-Loire	33
— 14. Détail du porche de Saint-Gilles	35
— 15. Montant du portail royal de la cathédrale de Chartres	38
— 16. Un vieillard de l'Apocalypse. Voussures du portail royal de Chartres	39
— 17. Le trépas et l'assomption de la Vierge, cathédrale de Senlis	40
— 18. Porche de Moissac	45
— 19. Tympan d'une maison romane détruite à Reims	47
— 20. Tête du Christ de Majesté. Portail de la Vierge à Notre-Dame de Paris	49
— 21. Le Beau Dieu d'Amiens	50
— 22. Saint-Firmin. Grand portail de la cathédrale d'Amiens	50
— 23. La Nativité. Ancien jubé de la cathédrale de Chartres	51
— 24. Tombe d'Évrard de Fouilloy à Amiens	52
— 25. Bas-reliefs. Portail Saint-Étienne à Notre-Dame de Paris	53

TABLE DES GRAVURES

		Pages.
Figure 26.	La légende de Barlaam. Détail du tombeau d'Adelais, comtesse de Joigny.	54
— 27.	Cathédrale de Reims. Figure allégorique de la synagogue	55
— 28.	Musée de Beauvais. Buste de saint Jacques.	55
— 29.	Eglise collégiale de Mantes. Chapelle de Navarre. Statuettes xive siècle.	56
— 30.	Vierge de calvaire, xive siècle. Collection C. E.	57
— 31.	Halles échevinales d'Ypres. Têtes en bois sculpté, xive siècle.	58
— 32.	Le Lai d'Aristote. Détail du portail de la cathédrale de Lyon.	58
— 33.	Cathédrale d'Auxerre. Consoles du transept et bas-reliefs du grand portail : la Création, xive siècle	59
— 34.	Cathédrale de Chartres. Fraisier stylisé, panneau xiiie siècle.	59
— 35.	Rinceaux de la première moitié du xiiie siècle. Façade de N. D. de Paris.	60
— 36.	Chapiteau de la fin du xiie siècle. Cathédrale de Laon	61
— 37.	Chapiteau de la seconde moitié du xiiie siècle. Cathédrale de Reims.	62
— 38.	Panneau décoratif, vers 1260. Cathédrale de Reims.	63
— 39.	Chapiteau de la cathédrale de Reims	63
— 40.	Tympan du portail Saint-Etienne à Notre-Dame de Paris (1257). (Jean de Chelles, maître de l'œuvre.)	64
— 41.	Détail du tympan du Jugement dernier à la cathédrale de Bourges .	65
— 42.	Détail de la Résurrection des Morts au portail de Rampillon.	65
— 43.	Copie d'un bas-relief antique au soubassement du grand portail de la cathédrale d'Auxerre, xiiie siècle.	66
— 44.	Figurines des montants du grand portail de la cathédrale de Reims.	67
— 45.	La Visitation, groupe du grand portail de Reims, vers 1260.	68
— 46.	Figure du grand portail de la cathédrale de Strasbourg.	69
— 47.	Cathédrale d'Amiens. La Vierge Dorée	70
— 48.	Grand portail de Reims. Saint Joseph.	71
— 49.	Statue tombale de Robert d'Artois, par Jean Pépin de Huy.	72
— 50.	Tête de statue tombale du xive siècle. Musée d'Arras.	73
— 51.	Monument funéraire du cœur de Thibaut V de Champagne, à Provins.	74
— 52.	Arche du porche nord de la cathédrale de Bourges	75
— 53.	Portail de la cathédrale de Bordeaux.	77
— 54.	Notre-Dame du Marthuret à Riom.	78
— 55.	Aile de Paris, salle de l'art flamboyant et de la Renaissance.	81
— 56.	Chapiteau du musée de Toulouse	82
— 57.	Aile de Passy. Salle de l'art flamboyant et de la Renaissance.	83
— 58.	Le Mariage de la Vierge, retable de Lombeek Notre-Dame (Belgique).	85
— 59.	Statue de Charles V, à la cathédrale d'Amiens.	86
— 60.	Jeanne de Boulogne et Isabeau de Bavière, au palais de Poitiers, vers 1390.	89
— 61.	Philippe le Hardi, par Claus Sluter, au portail de Champmol.	90
— 62.	La Vierge, par Jean de Marville, au portail de la Chartreuse de Champmol.	91
— 63.	Pleurants des tombeaux de Dijon	92
— 64.	Puits de Moïse, à Champmol, par Claus Sluter et Claus de Werve.	93
— 65.	Statues du portail de Champmol et tympan du château de la Ferté-Milon.	95
— 66.	Tête de la Madeleine au Saint-Sépulcre de Tonnerre, par Jean Michel et Georges de la Sonnette	97
— 67.	Tête du Christ du musée de Beauvais.	99
— 68.	Bustes de Strasbourg, attribués à Nicolas Geraert	100
— 69.	Sibylle du tombeau de Philibert le Beau, à Brou	102
— 70.	Angelot de bronze formant girouette, par Jean Barbet de Lyon, 1475 .	103
— 71.	Saint-Benoît-sur-Loire. Détail des stalles. Bois, xve siècle.	104
— 72.	L'Annonciation, par Andrea della Robia, provenant du tombeau de Guillaume Filliastre. Musée de Saint-Omer.	107
— 73.	Jubé de la cathédrale de Limoges, 1533-1534	108
— 74.	Tombeau de François II à Nantes, par Michel Colombe.	109
— 75.	Figure funéraire du duc de Brézé, à Rouen.	111

TABLE DES GRAVURES

	Pages.
Figure 76. Statue funéraire de René de Chalon, par Ligier Richier, à Bar-le-Duc	114
— 77. Le Saint-Sépulcre de Solesmes	115
— 78. La Vierge de Saint-Galmier	117
— 79. La Visitation. Eglise Saint-Jean, à Troyes	118
— 80. Sainte Marthe. Eglise de la Madeleine, à Troyes	119
— 81. Nymphes de la Fontaine des Innocents, par Jean Goujon	120
— 82. Buste de Philippe de Morvilliers, évêque d'Orléans, par Germain Pilon.	121
— 83. Fenêtre de l'hôtel Lasbordes à Toulouse, attribuée à Nicolas Bachelier.	123
— 84. Parc de Versailles. Parterre de Latone. Bacchante, par Dedieu	124
— 85. Louis XIV, par Jean Warin	126
— 86. Louis XIV, par Pierre Puget	127
— 87. Parc de Versailles, Baigneuse de la Fontaine de Diane, par Girardon	129
— 88. Détail d'un vase du parc de Versailles, par Coysevox	130
— 89. Cariatide du balcon de l'hôtel de Ville de Toulon, par Pierre Puget	131
— 90. Porte des écuries de l'hôtel de Rohan, par Robert Le Lorrain.	133
— 91. Salle moderne de l'aile de Passy. La Fontaine du Gros-Horloge, à Rouen.	135
— 92. Diane, par Houdon. Bronze, musée du Louvre	137
— 93. L'Hiver, par Clodion. Maison rue de Bondy	138
— 94. Rotrou, par Caffieri. Comédie-Française	139
— 95. L'amiral Jones, par Houdon. Académie des Beaux-Arts, à New-York	140
— 96. Buste d'une inconnue. Musée de Nevers	141
— 97. Tête de *la Marseillaise*, par Rude. Arc de triomphe de l'Etoile	142
— 98. Galerie extérieure, côté de Paris. Sculpture allemande du XIIIe siècle.	144
— 99. Cathédrale de Bamberg, Conrad III	145
— 100. La Vierge de Nuremberg	148
— 101. Statue de Bartolomeo Colleoni, par Verrocchio, à Venise	149
— 102. La Visitation, par Andrea della Robbia	151
— 103. Statuettes provenant de la cheminée du Dam à Amsterdam	152
— 104. Maquettes d'Artus Quellyn le Vieux, pour l'Hôtel de Ville d'Amsterdam	153
— 105. Galerie des modèles d'architecture	155
— 106. Vitrail de la cathédrale de Châlons : l'Eglise et la Synagogue	159
— 107. Peinture de la voûte de la chapelle Saint-Julien du Petit-Quevilly près Rouen, XIIe siècle	163
Balustrade de la chapelle des Bourbons à la cathédrale de Lyon	169
Palais du Trocadéro. Aile de Passy	171
Palais du Trocadéro	172

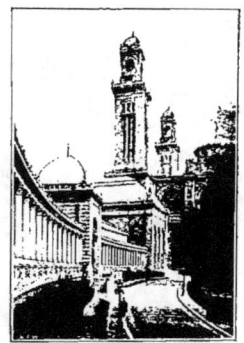

Photo Neurdein.
Palais du Trocadéro. Aile de Passy.

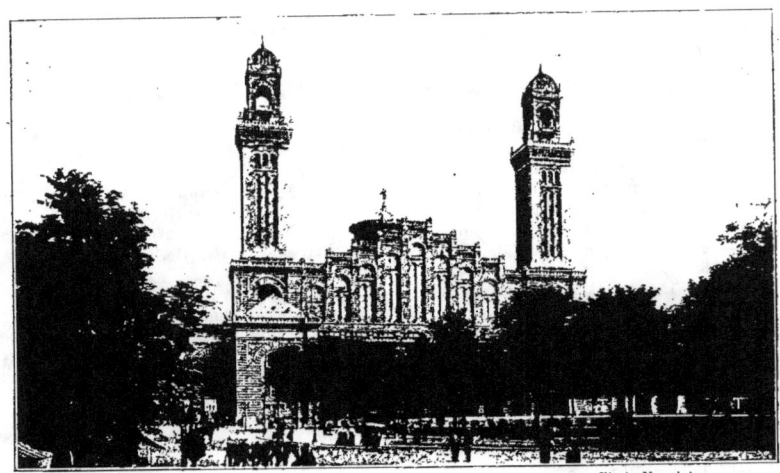

Palais du Trocadéro.

TABLE DES MATIÈRES

		Pages.
I.	Historique du musée	1
II.	La sculpture avant l'époque romane. — Antiquité. — Périodes mérovingienne et carolingienne	13
III.	L'art roman. — La sculpture romane	23
IV.	L'art gothique de la fin du xii⁰ à la fin du xiv⁰ siècle	48
V.	L'art flamboyant	79
VI.	La Renaissance	105
VII.	Les temps modernes, xvii-xix⁰ siècles	125
VIII.	La sculpture étrangère. — Les modèles d'architecture. — Les relevés de peintures. — La collection des vitraux	143
IX.	Vitraux	158
X.	Peintures murales	162
Index alphabétique		165
Table des gravures		169

ÉVREUX, IMPRIMERIE CH. HÉRISSEY, PAUL HÉRISSEY, SUCCʳ

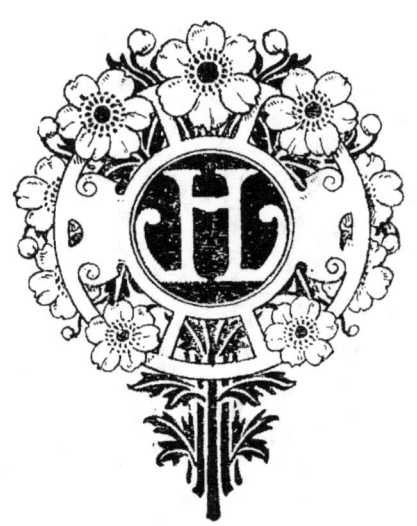

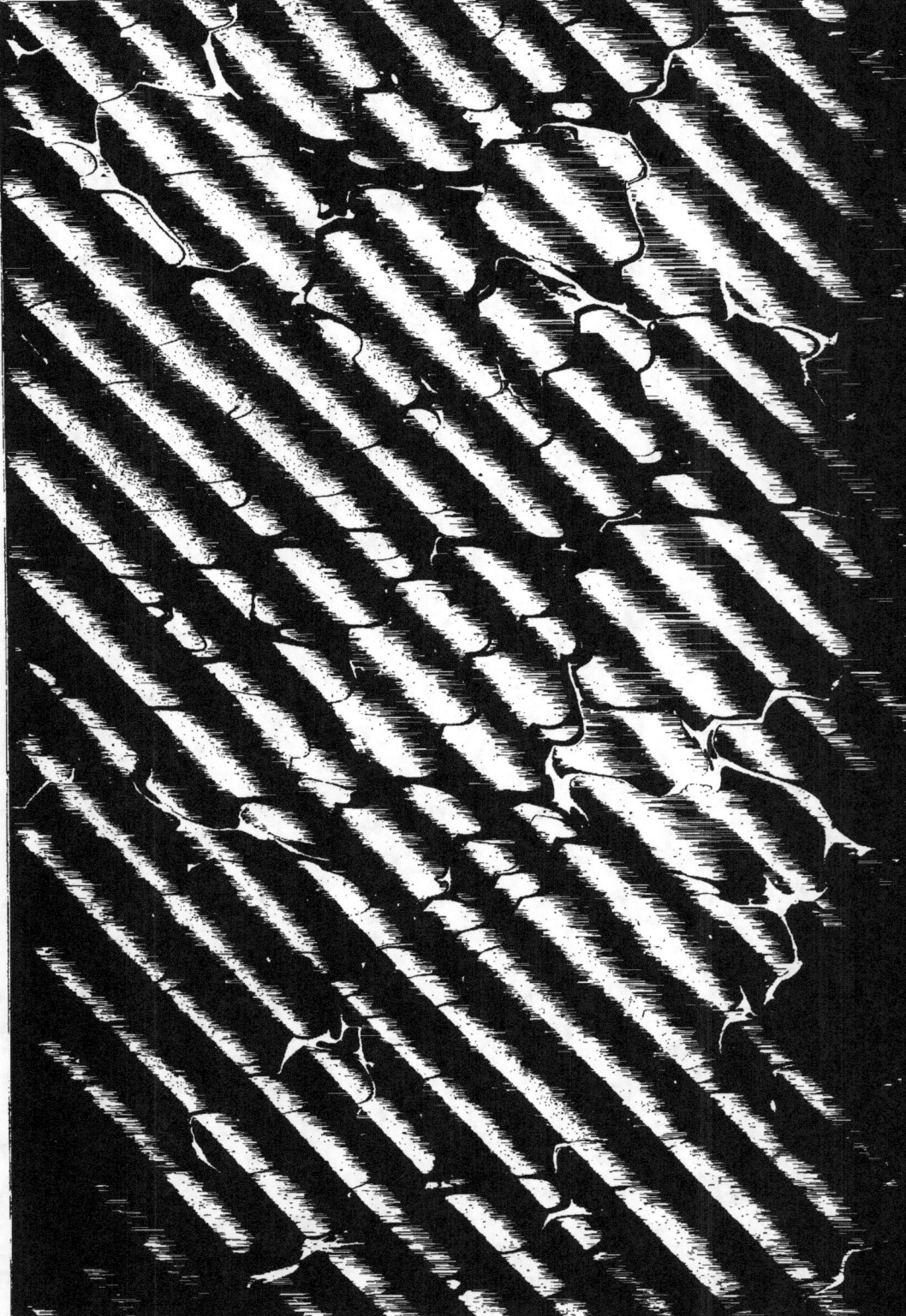

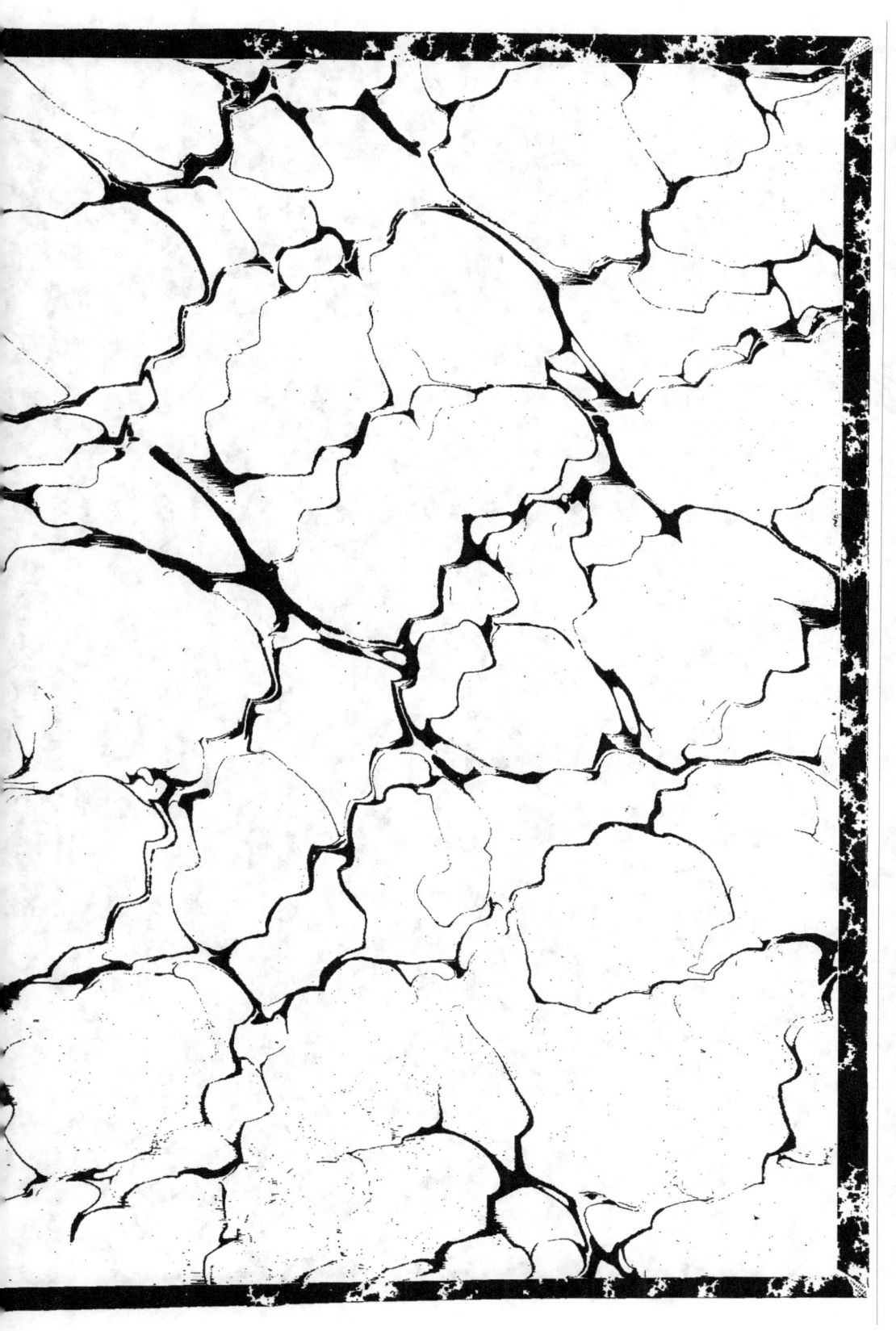

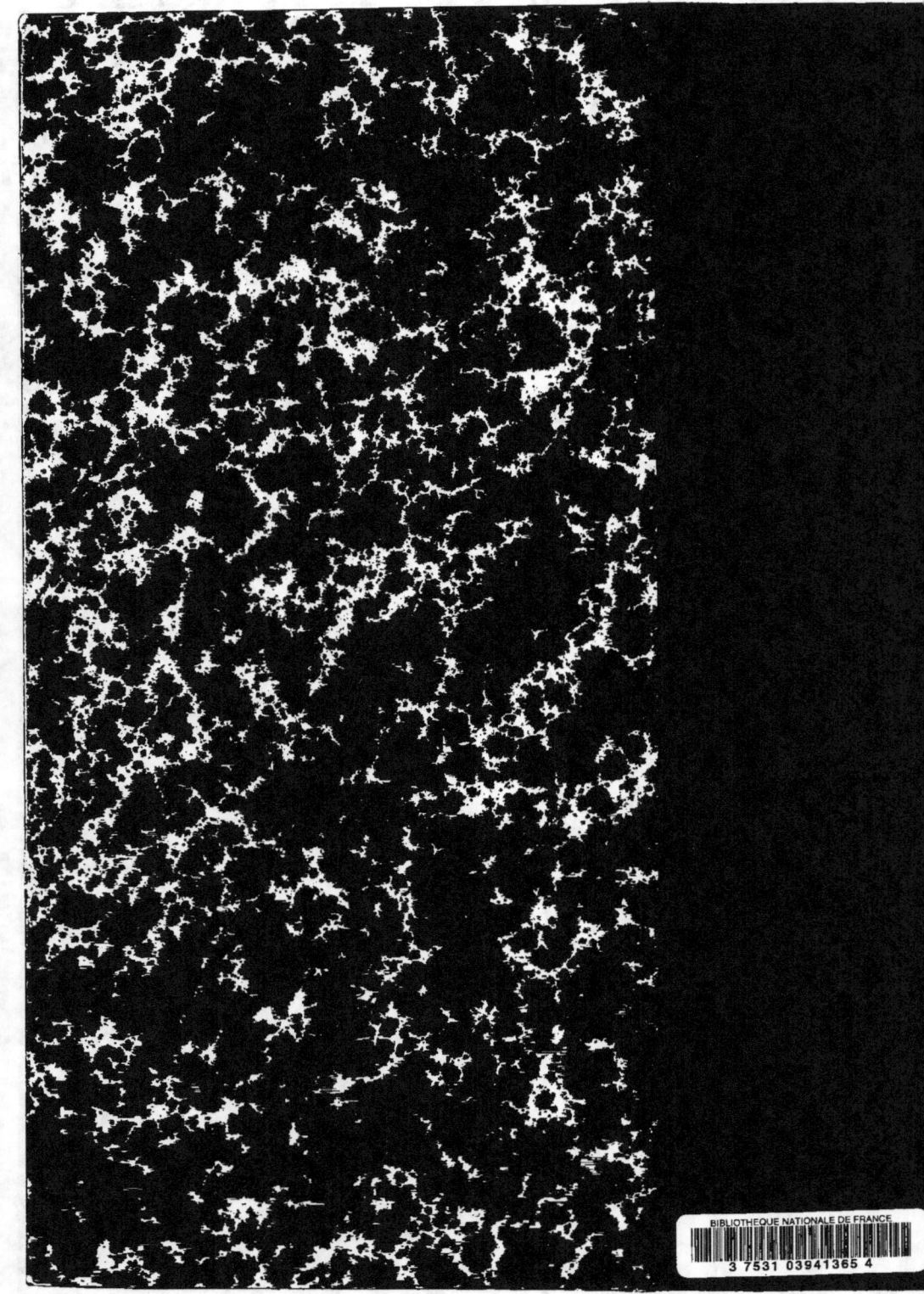

www.ingramcontent.com/pod-product-compliance
Lightning Source LLC
Chambersburg PA
CBHW071158240526
45470CB00017B/345